希望の共産党

期待こめた提案

有田 芳生　池田 香代子　内田 樹　木戸 衛一　佐々木 寛
津田 大介　中北 浩爾　中沢 けい　浜 矩子　古谷 経衡

まえがき

あけび書房は、2021年の都知事選挙後、総選挙前に『市民と野党の共闘で政権交代を』(五十嵐仁、小林節、高田健、竹信三恵子、前川喜平、孫崎享、西郷南海子/著)、22年の参議院選挙前に『市民と野党の共闘　未完の課題と希望』(児玉勇二、梓澤和幸、内山新吾/編)などを出版し、新自由主義と国家主義の自公政権に代わる新しい政治の流れを広げる発信をしてきました。

しかし、残念ながら、総選挙も参議院選挙も「立憲野党」は自公政権に勝てず、議席も得票数も大幅に減らしました。総選挙後の現在、安倍元首相の国葬の強行、統一協会問題や閣僚の辞任、物価高対策の不十分さなどで岸田政権の支持率は続落しているにもかかわらず、野党第一党たる立憲民主党の政権奪取の構想力も欠如し「野党共闘」も風前の灯火のような状況で、野党の支持率も低迷したままです。

こうした政治の閉塞状況があるなかで、「市民と野党の共闘」を出版で旗振りをしていた小社として、大敗北を痛感し、現状を打開するために何を発信するか考え、本書を上梓しました。もちろん、日本政治の変革を問うならば、まずは野党第一党への提案をすべきではないかもしれませんが、まずは結党100周年となった日本共産党への「期待こめた提案」を出すことにしました。今後、他の野党などへの期待こめた提案をまとめることもできればと思案しています。

また、「市民と野党共闘」というスローガンを一貫して発信し続け、そのために、いわば捨て身で（共産党の言う古い言葉で言えば）「統一戦線」に献身している共産党に、政権交代のゲームチェンジャーとしていっそうの自己刷新を期待したいと思っている人たちはたくさんいるでしょうから、共産党の100周年を祝うとともに、いっそうの発展を願う識者の声をまとめました。

著者は私が執筆依頼してご快諾くださった10人の方々です。このほかご執筆はかなわなかった多くの方々含めて、私が依頼した趣旨は次の通りです。

　自公長期政権に対抗する「市民と野党の共闘」の重要アクターである日本共産党に対して、希望とともに、さらなる飛躍を期待しての要望が創立100周年を経た今、ますます強まってきています。

とくに、党員が党首を投票で直接選ぶ「党首選挙」を実施することで、党内の活発な論議を国民にも可視化させて、政策・路線の意義を深め広めることを通じて、国民に開かれた民主主義的な政党としての存在価値が高まるのではないかという期待が強くあります。

もちろん、党首公選についての賛否は党内外であり、またそれにとどまらない共産党の躍進を願っての期待を込めた「注文」は多々あることでしょう。こうした多様な声を寄せていただくことで、停滞している「市民と野党の共闘」を再起動しバージョンアップへとつなげる契機となるでしょう。

本書では、共産党とともに共闘されている識者の方々として、党創立100周年を祝い、同党への期待を寄せていただきますようお願いいたします。

それゆえ、「提案」の本ではありますが、統一的な見解をまとめたものではなく、著者の皆さんには各々の見識を述べていただいています。本書が共産党とともに個人の尊厳と多様性を尊重した政治の発展に向けての一助になればありがたいです。

あけび書房代表　岡林信一

『希望の共産党　期待こめた提案』●目次

オルタナティブな日本政治のために

市民連合＠新潟共同代表、新潟国際情報大学教授
佐々木寛

1　今、日本共産党を語る意味

私はこの本に寄稿することを最後まで迷いました。この本が社会的に果たす役割や文脈について若干の心配があったからです。「日本共産党がこうなればきっともっと良くなる」という積極的な提言も、社会的な文脈によっては、共産党、そして共産党が進めようとする政策への一方的な批判に手を貸すことになるからです。私はどの政党の党員でもありませんし、またこれまでなったこともありません。ですから、共産党にだけその課題を列挙するなら、他の政党すべてに私がもっている違和感などを発信しなければフェアではないと思います。

今、日本共産党について語る意味がどこにあるのか。注意しなければならないのは、共産党が一方的に有徴化され、「糾弾」されるような時代は、ファシズムと戦争が近い兆しなのではないか、ということです。ある政治的な（特に左派的な）流れに対する、何らかの「排除」のメンタリティが社会に蔓延することに対して、私はもっと歴史的な警戒心をもつべきだと思っています。

しかし他方で、今現在、共産党についてこのような賛否両論の議論が巻き起こるというのは、あまりに政治全体が行き詰まっていることが背景にあるでしょう。日本政治において、これほどまでに「野党（opposition ＝対抗勢力）」の役割が重要になっている時に、現在の「野党第一党」を名乗る政党は、基本的な方向性が定まらず、正直あまりにも頼りない状態です。現在の政治の限界を克服する〝オルタナティブ〟を考える時、今はいわば、日本政治の座標軸の定点であり続けてきた日本共産党が、議論の寄って立つ起点（たたき台）になるのではないか。そのような文脈での議論であればと思い、寄稿することにしました。

2 「民主集中制」？

私は、同党の過去の資料を丹念に読み込んだわけでもなく、全国の党の実態を調査したわけでもないので、私が新潟でこの間、野党共闘のための活動をしてきた、ごく限られた実体験からお話ししたいと思います。それはしばしば、それまでの「外から」見たイメージとは異なる経験でした。

たとえば、同党はよく、「民主集中制」が批判されます。もちろん党の全体的な方向をめぐる意思決定に際してそれは当てはまるように思います。しかし私が驚いたのは、候補を選出する際にも、選挙のやり方においても、県委員会の内部のみならず、県委員会と中央との関係において、内部には想像以上にボトムアップのプロセスが機能しているということです。県の幹部も、最終的に方針を決めることはできますが、地区ごとの「声」をけっして無視することはできません。また、こと選挙に際しては、しばしば批判を受けるこの統制のとれた伝達プロセスこそが、逆に有効に機能します。しかも末端の党員のみなさんは、単に「命じられて」いるからやっているのではなく、個々の活動の意味をしっかりと「理解」し、自ら仕事を（しかも確実に）こなします。野党共闘を経験した県内の国会議員が口をそろえて言うことで、また実際に選挙をいっしょにやればわかることですが、共産党はもっとも頼りになるパートナーにほかなりません。

「党内民主主義」を語るのであれば、現在、自由民主党も含め、既存のあらゆる政党がそれを課題としているとも言えます。私が知りうる限り、党内に見事な「デモクラシー」を実現している政党など、この国には見当たらないでしょう。ただ少なくとも、党首などの幹部は実質的な選挙で選ぶ、あるいは今よりもさらに末端の多様な意見を吸い上げる工夫も、今後は必要だと思います。「外から」見た共産党は一枚岩ですが、当然ながらその「内側」は、きわめて多様です。その構成員の多様性がもっと表に出るようになることが、さらに活動の躍進につながると思います（※その意味で、たとえば、西原孝至監督の映画『百年と希望』は良い作品だったと思います）。

3　政党の本来の役割と機能

自由民主党も、私から見れば、戦後の冷戦構造の文脈で誕生した、その意味で歴史的な限界をもつ政党にすぎません。日本共産党に対しては、よく「名前を変えたらどうか」という提案もなされて、「日本共生党《きょうせい》」など、私も昨今の状況を考えればそれも良いと思いますが、何せ100年も続いた歴史をもつ政党です。「変えてもどうせ、元は共産党と言われるだけ」だし、昨日今日の自己都合で党名を変えてしまうどこかの軽い政党とは一線を画したいというのもわかる気がします。

政党の役割は、多種多様な「民意」を集約し、制度の言葉に翻訳し、優先順位をつけて実現することにあります。しかし何よりも、国民に目指すべき国や社会のあり方を提起して、政論を喚起することが重要です。また、政党は有権者にとって、一種の「座標軸」の働きをもつので、その政党がもつ理念の根本的な方向性における「軸」がぶれないことが重要です。もし政党が自らの基本方針の方向性自体を変えるのであれば、その政党は解散して新しい政党をつくるのが正道ですし、それができないのであれば、その大きな変更を内外に徹底して説明し、理解を得る必要があります。

現在の日本政治の問題は、その政治理念（軸）と、永田町のパワーゲームや政界再編とがリンクしていないことにあります。国民から見れば、永田町の離散集合は権力者同士の単なる数合わせのゲームにしか見えません。自民党と公明党の与党における「野合」はもちろんですが、野党の側も理念なき離合集散が繰り返されています。現実主義的に、野党が政権を取るためなら迫力をもって「野合」することも必要かもしれませんが、たとえば昨今「ゆ党」と揶揄されるように、今、野党第一党がフラフラやっているのは、その意図はいざ知らず、はたから見ると、理念を捨て、単なる既得権益維持のための四苦八苦にしか見えないところが困ったものです。2世3世議員が増え、永田町の政治とは、まるで既得権益層による単なるファミリービジネスのようにも見えます。

それゆえ、政党がつくる政策も、選挙の時だけ語られる人気取りの「方便」に過ぎず、本当にそれらが実現するなどと信じる有権者はもはや少ないのではないでしょうか。実際、選挙活動の現場感覚では、政策の内容は徐々に決め手ではなくなりつつあるようにも感じます。その結果、「今までやっていた人たちでやってくれ」という消極的な投票行動が生まれるのも無理はありません。投票率がなかなか上がらないというのは、別の見方をすれば、有権者の政治そのものに対する異議申し立てと考えることもできます。「与党には不満があるが、野党にも期待できない」というのは、「政治における〈ことば〉や〈信頼〉そのものの底が抜けている」と、今の政治の根源的な危機を理解した方が良いと思います。

私は民主政治において、政党が提起する世界観は、多様で幅が広い方が良いと思っています。あらかじめ定められた単一の世界観の中でしか政治が議論されないとすれば、その国の政治は、大きな変化に弱い政治になります。今、世界政治の文脈が多きく変わろうとしている時に、たとえば、日米関係をどう考えるのか。中国との関係はどうすればいいのか。そういう戦後の枠組みそのものを再び長期的に考え直さなければならなくなっている時に、一方の極に日米軍事同盟への根源的な見直しを主張し続けてきた日本共産党が果たす役割はきわめて大きいと思っています。

先の選挙前に、日本共産党の「閣外協力」をめぐってハレーションが起きましたが、確固たる多様な世界観をもつ複数の政党同士が、新しい政府を目指して、いわば「連合政治（coalition politics）」のさまざまな形を追求することに何の問題もありません。政党自体の「軸」を曖昧模糊にするのではなく、明確な理念で一貫している個々の多様な政党が、時の世界情勢や歴史的要請に照らし合わせて、協力（連合）して政策を譲り合い、政府を構成するという、もっと成熟した政治のイメージを私たちも学ぶべきだと思います。

4　外交安全保障をどう考えるか

日本共産党の場合、そもそも自衛隊の違憲論や日米安全保障条約の解消論などが「現実的でない」と批判されます。しかし、同党はかつて中立自衛論の立場をとっていた時期があったことを思い起こす必要もあるでしょう。安全保障をどう考えるか、武力をどう考えるか、これは、これから国民的な議論をしなければならない問題です。日米安保を現状のままどんどん飲み込んでゆけば、国民が戦争に巻き込まれてしまうかもしれないというリアリズムと、他方で中国や北朝鮮の軍事的脅威の前に安保条約をただちに解消することなどとうていできない（またすべきではない）というリアリズムの間で、私たちは真の「安全」のための「解」を見つけ出さなければなりません。今後は、日米関係、そして日中関係を長期的、将来的にどう考えるかについての多様なブレーンストーミングが必要です。

理論的に、もし、日米関係べったりの「この道しかない」というのがこの国における与党の基本的な「軸」（おそらく権力構造的な条件）だとすれば、「他の多様な道も考えるべきである」と考えるのが野党の「軸」ということになります。一国際政治研究者としての視点から見れば、日本の政治は思った以上に、この外交安全保障の「軸」をめぐる違いが国内の政界再編の起動因となってきました。現在、野党が分断されているのも、実はこの「軸」の問題が大きいと思います。今後、共和党が民主党を凌ぎ、あるいはあのトランプが再選されるかもしれないアメリカの現状を見る中で、今この国は、長期を見据えた新しい外交安全保障政策と戦略が必要になっていると思います。もちろん、すでに米軍と一体化してしまった自衛隊をどうしていくかなど、私たちは丁寧に現実的な議論を積み重ねていかなければなりません。ただ私は、ウクライナ戦争を機に、東アジアで起こっている国際政治の対立構造を、イデオロギーや体制原理の違いを前提にした古い「冷戦」の論理で考えるべきではないと思っています。むしろ、これまでの戦後冷戦構造を大前提としたままの外交安全保障政策は、早晩限界を迎えると捉えるのが、かえって「現実主義的」な発想だと思っています。

そして、もし仮にそうであるとすれば、今「野党」勢力は、外交安保についても、これまで同様の〝可変性〟を前提とした共産党といっしょに、中長期を見据えたオルタナティブで包括的な安全保障政策を練り上げていく度量や構想性も要求されているのではないでしょうか。

5　現代の資本主義をどう考えるべきか

また日本共産党は、資本主義を克服する「革命」を志向する政党であるとされています。またそのことが、共産党との共闘を避けようとする「野党」の人々にとって、いっしょにできない理由とも言われます。けれども、現代政治において、逆に現代の資本主義についての根源的な問い直しのない政策は、それこそ「現実的」ではないと言えるでしょう。気候危機は、まさに文明論的な問題です。また、世界大に広がる貧富の格差の問題、荒れ狂う金融資本の問題、日本国憲法に謳われる「健康で文化的な最低限の生活」が享受できない国民もどんどん増えています。グローバルな資本主義の中で、本来再配分を担う政府や政治の役割がどんどん小さくなっています。政治が経済に飲み込まれているのです。

日本も、1980年代以降、新自由主義政策に舵を切り、民営化と軍拡という教科書通りの道を歩み、「アベノミクス」や「新しい資本主義」などというまやかしの時間稼ぎをしながら、結果的に今「失われた30年」のツケを払っています。しまいには、「日本株式会社」として守ってきた自動車産業なども、今は没落の一途をたどっています。そして未来世代には、謝罪をしてもしきれないほどの矛盾や借金を押しつける結果となりました。大学の教室で100人の学生にきいても、「日本の未来が明るい」と明言する学生はほぼ皆無です。そう言えば、日本の若者の死因の第1位が自殺であるというのは、今のこの国のある〝本質〟を示していると言えます。

消費税の問題、財政出動のあり方をめぐる問題など、野党間にも考え方の違いがあります。

しかし、与党があくまでもこれまで通りの「新自由主義的資本主義」の道を直進するのであれば、野党は、資本主義の修正、あるいは少なくとも「人間の顔をした資本主義」、そしてできれば「新しい社会民主主義」の道を、まずは共通の目標にして共闘することは可能であると思います。日本共産党の立場が、未来に共産主義社会を実現する「革命」を志向しているとしても、かならずその途中に、いくつかの〝段階〟を想定していなければなりません。また同党は、それを改めて明らかにしておく必要があります。そして、自らを「野党」に属すると称する人々は、相手の目標とする到達地点がたとえ異なっていたとしても、その方向性がほぼ一致していれば、少なくとも途中までは道中を共にできるはずです。

逆に言えば、現在の資本主義社会の惨状を鑑みて、それに対して何らかの変革を目指すことのない、むしろそれを甘受し、それに追随してしまう政党も労組も、本来オルタナティブな社会を志向すべき「オポジション」や「リベラル」としては、いわば「似非《えせ》」であるとの誹《そし》りを受けてもしかたがない時代状況ではないでしょうか。たとえば日本維新の会は、明らかに新自由主義政党であり、日本政治の文脈において、理念上「野党」を名乗ることはけっしてできないでしょう。

政治には、当座（現状）のリアリズムと、未来のリアリズムがあります。前者を欠いた未来の構想は絵に描いた餅ですが、後者の長期的視野におけるリアリズム、すなわち長期の歴史的展望や可変性の視点を欠き、「当座の論理」に溺れた政治は、歴史において何も生み出せないばかりか、えてして状況追随的な体制翼賛政治を生み出してしまいます。今、「野党」の政党や政治家は、拙速な政治（永田町）ゲームに邁進するよりも、「オルタナティブな政治とは何か」を市民社会と連携しつつ探求し、構想することが先決かもしれません。「急がば回れ」です。その構想が広く国民に必要とされる時は必ず訪れます。今はその準備の時だと思います。

6　歴史の清算と再生

しかし実際は、今この「野党共闘」が日本全国の至る所でゆらいでいます。おそらく、それをもっとも身を切って進めてきた日本共産党の内部でも、共闘したことで議席を減らし、党勢を弱めた執行部への批判もあると思います。けれども、よく考えれば考えるほど、戦後のこの国の枠組みの延長線でこの国の未来をハッピーエンドにするシナリオを描くことはできないでしょう。わかりやすく言えば、今後たとえ河野太郎総理大臣が誕生しても（それは今よりもマシなことになるかもしれませんが）、自ずと限界が見えています。

ですから、「野党」は選挙で「共闘」するだけでなく、市民社会も含めて、これからの新しい日本の構想をつくる上でも、今後も「共闘」しなければなりません。しかし、そのためには、日本共産党にも、大きな宿題があると思います。本来、同じ方向を向くべきであった、そしてこれからも「共闘」する人々に対して、かつての〝禍根〟を清算しておく必要があります。もちろん、若い世代には何が何だかわからない話ですが、かつて運動の分裂の原因となった事実について、それを真摯に認め、未来志向で関係性をつなぎ直すプロセスが必要だと思います。それは、さらに開かれた日本共産党の新鮮なイメージを内外に伝えることにもなるでしょう。

個人的な経験にもとづく判断ですが、すでに今の世代にとって、たとえば右派労組の中にある共産党嫌いの根拠は、きわめて薄弱です。それは根拠のないうわさやイメージによって塗り固められており、ひとたび「人間として」共に活動し、学び直せば、すぐに払拭できる次元のものです。「和解」や「赦し」は、現代倫理のキーワードです。それは、何かもっと価値のあるもののために行われます。常に分裂と抗争を余儀なくされてきた「野党」（リベラル）勢力の側も、今新しい価値を創造するべく、「和解」と「赦し」の政治が求められています。

7 〈連帯〉をとりもどす

最後に、私は、「共闘」というより、「連帯」という言葉を使いたいと思います。本論は日本共産党がテーマなので、同党にとっての2つの「連帯」の課題をお示しして終えたいと思います。1つが世代間連帯です。これはどの市民運動にも概して言えることですが、活動における「高齢化問題」（世代継承問題）を克服しなければなりません。

今年、新潟市長選挙がありましたが、またしても立憲民主党の力不足から、野党共闘のための候補が実現せず、結果的に、共闘候補擁立にもっとも尽力した共産党に所属する35歳の若い市長候補を「みんなで」応援することになりました。芳野連合会長の組織的な〝妨害〟にもかかわらず、新潟では、2016年以来の「共闘」の精神は今でも草の根でしっかりと息づいています。候補者の若さと、選挙活動において「民青」の枠を超えた若者たちの参加もあって、結果はほぼトリプルスコアで2期目の現職に敗北したものの、当初は「アリと象」の闘いだったものが、最期には「小象と象」の闘いまでにすることができました。「小象」は、あと数年すれば、今の象をしのぐ巨象に成長するかもしれません。

この小さな経験から、若い世代を信頼して、権限をどんどんと委譲することで、新しい力が生まれるという教訓を得ることができました。私たちはまず、次世代との連帯にエネルギーを注ぐべきかもしれません。いつまでも「おじさん」が仕切っている活動をどう克服できるかが問われています。

また2つ目の連帯の課題として、国境をこえた市民社会との連帯があげられます。現在、隣の韓国では、再びろうそくをもった市民が街頭を埋め尽くして、今にも現職大統領を引きずり下ろす勢いです。私たちは民主主義においては、明らかに、韓国や台湾（そして沖縄）の市民に学ばなければなりません。もちろん、日本共産党も隣国と独自のネットワークを築いてこられたと思いますが、国内における運動の分断とも相まって、その密度と広がりはまだ十分とは言えません。将来的には、東アジアの市民社会が常時響き合って、下から国際紛争を抑止できるような、コスモポリタンな平和の枠組みをつくっていく必要があると思います。本来、「共産主義」というのは、国境やナショナリズムを止揚したものであったはずです。もちろん、これは、日本の民主主義そのものの課題でもあるでしょう。

比較共産党史から見る日本共産党

思想家、神戸女学院大学名誉教授
内田 樹

先日、済州島4・3事件の聴き取り調査のために来日していた真相調査団の金昌厚さんが私の主宰する学塾凱風館の「ハングル書堂」のゲストとして来館された。

ご存じの方も多いと思うが、4・3事件は1948年4月3日に、米軍の軍政下にあった済州島での島民の蜂起に対して、韓国軍、警察、反共テロリストたちが行った虐殺事件のことである。蜂起の中心にいたのは南朝鮮労働党だった。米軍と李承晩政府からは済州島全体が共産主義に親和的とみなされたために女性、幼児、高齢者を含む多くの市民が殺害された。

反共が国是であった戦後の韓国社会では、この事件について語ることは久しく禁忌とされていた。島民たち自身も口をつぐんだまま、記憶を封印してきた。ようやく1987年の民主化以後、4・3事件の真相解明と犠牲者への謝罪が始まった。2003年に盧武鉉大統領が、島民に対して初めて公式謝罪を行い、犠牲者のための名誉回復委員会を設置した。以後、紆余曲折はありながら、4・3事件の真相究明と犠牲者への謝罪と補償は今に至るまで続いている。

しかし、金さんが私たちに教えてくれたのは、「犠牲者」に認定されたのは「無辜の市民」たちだけで、蜂起を主導した南朝鮮労働党の活動家たちや、それに共鳴してゲリラ活動に加わった人たちは、軍や警察によって惨殺されたにもかかわらず「犠牲者」にはカウントされていないということであった。韓国では一度「共産主義者」というレッテルを貼られてしまった人たちはもう二度と「市民」とは認められないということである。

4・3事件を主導した南朝鮮労働党は壊滅的な弾圧の後に、1950年に北朝鮮労働党と合併して朝鮮労働党となった。金日成政権下の北朝鮮で「南労党派」として一大勢力をなしたが、のちにほぼ全員が粛清された。彼らは北でも「正規の市民」とは認められなかったのである。だから、この死者たちは、南にも北にも帰るべき祖国を持たず、供養する人もないままに、亡霊のように今も朝鮮半島の上に漂っているのである。

金さんが日本に来て一番驚いたのは、「日本共産党」というポスターを街中で見た時だったと教えてくれた。韓国ではまず「共産」という文字列を街中で見る機会はない。それは触れるだけで身を焦がすような「禁忌」だからだ。

「日本では共産党が国会に議席を持っているんですよね」と金さんは確かめるように言った。その口ぶりはほとんど「日本では幽霊が国会に議席を持っているんですよね」というようなニュアンスに近かった。

金さんの話を聴きながら、アジア諸国における共産主義者と共産主義政党のステイタスの違いについて考えた。

以前、日本共産党から「支持者の中にも党名変更を提案する人がいますが、ご意見をお聞かせください」と訊かれたことがあった。党名は変えるべきではないと私は回答した。この党名を維持していることによってはじめて「比較共産党史」という歴史研究分野が存立し得るからである。

ロシア革命に続いて世界各国に共産党を名乗る政治組織が生まれた。ドイツ共産党、フランス共産党、イギリス共産党、アメリカ共産党などなど。アジアではインドネシア共産党、中国共産党、日本共産党、朝鮮共産党が創設された。それから100年経った。世界の共産党がそれぞれどういうしかたで歴史的風雪に耐え、また変貌を遂げたかを知るのはとても興味深い政治的イシューだと思う。その推移を見るだけで、その国固有の政治風土が浮かび上がってくるからである。

ほとんどの人は知らないと思うが、1872年に第一インターナショナルの本部はロンドンからニューヨークに移り、アメリカ人フリードリヒ・ゾルゲが書記長に就任した。アメリカが世界の共産主義運動の拠点だった時期があるのだ。大戦間期にはアメリカ共産党が知識人層に強い影響力を及ぼしたが、今はもう見る影もない。ジョージ・オーウェルはスターリン主義を批判して『1984』を書いたのだが、その時オーウェルが直接戦っていた相手はイギリス共産党だった。フランス共産党は対独レジスタンスの中核であり、ノルマンディー作戦以後のドゴール将軍にとっては国内最強のライバルだった。でも、戦後スターリンに追随して国民的支持を失った。インドネシア共産党はアジア最初の共産党で、戦後は一大勢力だったけれど、1965年に軍の虐殺で消滅した。その一端は映画『アクト・オブ・キリング』で知ることができる。朝鮮共産党の悲惨な歴史は先ほど述べた通りである。

こう一瞥すると、世界の共産党の壊滅と変質の中にあって100年を生き延び、今も国会地方議会に議席を有しており、政策決定と世論形成に強い影響力を及ぼしている日本共産党がまことに例外的な存在であることが知れるはずである。なぜ、日本共産党は生き延び、今も日本の書店には「マルクス」についての大量の書籍が並んでいるのか。

前に中国の新華社から取材を受けたことがある。私と石川康宏さんの共著『若者よ、マルクスを読もう』が中国語に翻訳されて、多くの読者を得たことについてのインタビューだった。私たちの本は中国共産党の「幹部党員への推薦図書」に指定された。なぜ、若者たちにマルクスの思想を噛み砕いて解説した本を書いたのが中国共産党の知識人ではなく、日本人なのか。それが不思議だったのだろう。最初の問いは「なぜ資本主義社会の日本にはマルクス主義を愛読する人がこんなに多く存在しているのか、その原因は何か?」というものだった。その問いに私はこう答えた。


日本では、マルクスは政治綱領としてよりはむしろ「教養書」として読まれてきたという側面があるからだと思う。つまり、マルクスのテクストの価値を「マルクス主義」を名乗るもろもろの政治運動の歴史的な功罪から考量するのではなく、マルクスの駆使する論理のスピード、修辞の鮮やかさ、分析の切れ味を玩味し、読書することの快楽を引き出す「非政治的な読み」が日本では許されていたということである。

だから、マルクスを読むことは日本において久しく「知的成熟の一階梯」だと信じられてきた。日本では、若者たちはマルクスを読んだからといってマルクス主義者になるわけではない。マルクスを読んだあと天皇主義者になった者も、敬虔な仏教徒になった者も、計算高いビジネスマンになった者もいる。それでも、青春の一時期にマルクスを読んだことは彼らにある種の人間的深みを与えた。少なくとも「与えた」と信じられていた。

政治的な読み方に限定したら、スターリン主義がもたらした災厄や国際共産主義運動の瓦解という歴史的事実から推して、「それらの運動の理論的根拠であった以上、マルクスはもう読むに値しない」という判断を下す人もいて当然である。だが、日本ではそういう理由でマルクスを読むことを止めたという人はほとんどいなかった。それはマルクスの非政治的な読みが許容されてきたからである。それが世界でも例外的に、日本では今もマルクスが読まれ続け、マルクス研究書が書かれ続けていることの理由の一つだろうと思う。

日本における共産党の現実的な影響力についての質問にはこう答えた。

日本共産党はマルクス主義政党だが、選挙で共産党に投票する人たちの多くはその綱領的立場に同調しているというよりは、党の議員たちが総じて倫理的に清潔であり、知性的であり、地域活動に熱心であるといった点を評価しているのだと思う。

日本では１９２０年代以後現代にいたるまで、マルクス主義を掲げる無数の政治組織が切れ目なく存続し、マルクス主義に基づく政治学や経済学や社会理論が研究され、講じられてた。マルクス主義研究の深さと広がりという点では、日本は東アジアでは突出している。マルクス主義者でなくても日本人の多くはマルクス主義の用語や概念を熟知しており、そのスキームで政治経済の事象が語られることに慣れている。それがわれわれのものの考え方に影響を与えていないはずがない。

このやり取りから知れると思うけれども、私は日本共産党が今日まで生き延び、存在感を示すことができた最大の理由は日本共産党が「共産主義の独占者」でなかったことにあると思っている。そういう考え方をする人が他にどれだけいるか分からないけれども、私はそう思っている。

貿易のビジネスでは「総代理人（sole agent）」というものがある。その業者を経由してしか輸入できない独占的な代理店のことである。多くの国で、共産党は「マルクス主義の総代理人」たらんとした。そして、マルクスの読解やマルクス主義の綱領の解釈について決定し、「異端」を審問する権利を占有しようとした。レーニンとスターリンが国際共産主義運動を領導していた時代には、その指示の唯一の「窓口」であろうとした。世界各国の共産党がその特権的地位を求め、それを手に入れたせいでやがて衰退し、滅亡していった。私の眼にはそう見える。

その中にあって日本共産党が生き延びることができたのは、「マルクス主義の総代理人」ではなかったからである。なろうとしても、なれなかった。それは上に書いたように、日本には共産党以外にもマルクス主義を掲げる多様な組織や運動体が存在し、共産党の公式解釈以外にもマルクスについて多様な解釈や理解が並立していたからである。

そのような環境の中に置かれていたおかげで、日本共産党は「自分たちのニッチ」を探し出し、市民に向かっておのれの政治的有用性を訴え、その支持を懇請するという仕事を余儀なくされた。「総代理人」の免状を手に入れ、その地位に安住してしまったよその国の共産党にとっては不要な仕事だ。でも、日本共産党はその「余計な仕事」を果たさなければならなかった。結果的にはそれがよかったのだと思う。それがこの政党にある種の「市民的成熟」をもたらしたからである。

金さんを驚かせたように、日本共産党が世界でもきわめて例外的な「国会に議席を持つ共産党」であり得るのは、日本共産党が「歴史を貫く鉄の法則性」によってその身元を永代保証された政党ではなく、そのつどの市民の支持のうちに足場を求めてきた政党だからであると私は思う。いわば、その「弱さ」が手柄だったのである。

これから日本共産党がどういう組織を編成し、どういう運動を創り出してゆくのか、それは党員たちが決めることであり、私の関知することではない。でも、100年生き延びてこられたのは日本共産党が「原理的正しさ」より「市民的成熟」を選んだせいであると私は考えている。だから、その歴史的経緯をただしく評価すれば、このあとの進むべき道もおのずと明らかになると私は思う。

私たちが成熟について知っている最もたいせつな経験則は「人は葛藤のうちで成熟する」ということである。それは組織についても同じだと思う。深い葛藤を抱えた組織は、そうでない組織よりも成熟するチャンスが多い。全党員が同じような顔つきをしていて、同じような言葉づかいで語り、指導者の命令に整然と従う一枚岩の政党を日本共産党は理想にしてはならない。そんな政党は短期的には効率よく稼働するかも知れないが、葛藤がない組織は成熟することができない。だから、いずれ環境の変化に適応できずに死滅するだろう。

私が日本共産党に求めるのは「葛藤を通じて成熟できる組織」であることである。別に私がよけいなことを言わなくても、すでに日本共産党の方たちはそのことを歴史的経験を通じて熟知しているはずである。

自己改革で日本政治のゲーム・チェンジャーに

政治学者、一橋大学教授　中北浩爾

1　行きづまった野党共闘

私は日本共産党（共産党）の党員ではありませんし、党員であったこともありません。その意味で完全な部外者です。ただ、なぜ日本では中道から左派にかけての勢力がこんなにも弱いのかという問いに、政治学者として大きな関心を寄せてきました。特に民主党政権が失敗に終わった後、第二次安倍政権のもとで自民党が「一強」と呼ばれるようになりました。バブル経済の崩壊を経て、かつての「一億総中流」社会は過去のものとなり、格差が拡大しているにもかかわらず、このような状況が続いています。

２０１５年の安保法制反対運動を受けて、共産党は「戦争法（安保法制）廃止の国民連合政府」を打ち出しました。これは時宜を得た提案でした。翌年の参院選では、「安保法制の廃止と立憲主義の回復を求める市民連合」（市民連合）を媒介役として、民進党、共産党、社会民主党（社民党）、生活の党の間で、32の一人区のすべてで候補者一本化が実現しました。その際、共産党は香川を除いて一方的に候補者を降ろしました。私は共産党が自己犠牲をいとわずに行動したことに驚きました。

従来、共産党は比例代表を軸として選挙戦を戦いつつも、全選挙区に候補者を擁立し、票を掘り起こす方針を採用してきました。供託金の没収が相次ぎ、修正されつつあったものの、この方針が結果として自民党の利益となってきたことは明らかでしたが、基本政策についての合意が不可欠などの理由から、共産党は一貫して野党間の選挙協力に否定的でした。したがって野党は、その前の回の参院選の一人区で2勝29敗と大きく負け越しました。しかし、この参院選では11勝21敗と善戦しました。共産党の決断は、日本政治に大きな影響を与えたのです。

ところが、次の２０１７年の衆院選に向けて、私は野党共闘に限界があることを感じざるを得ませんでした。衆院選は政権選択選挙ですから、野党共闘を組むのであれば、政権の枠組みや政策をあらかじめ提示する必要があります。そのこと自体は共産党も認識しており、衆院選に向けて包括的な政策協定を結び、政権構想についても一致した考えを示し、相互推薦・支援に基づく本格的な選挙協力を実施しようと呼びかけました。

しかし、民進党は共産党と一緒に野党連合政権を樹立できるとは考えていませんでした。小池百合子東京都知事が結成した希望の党への合流という決断を行った背景には、そうした理由がありました。結果として、民進党の一部が立憲民主党を結成し、野党第一党に躍進したことによって、野党共闘が続くことになりました。しかし、共産党を含む野党連合政権の樹立は難しいという認識は、立憲民主党でも残ります。

２０１９年の参院選を経て、21年の衆院選では、共産党の志位和夫委員長と立憲民主党の枝野幸男代表が、野党連合政権の枠組みとして「限定的な閣外からの協力」で合意しました。志位委員長はこれを政権の枠組みに関する閣外協力の合意だと説明しました。しかし、立憲民主党の意図は全く異なり、衆院選の総括では「閣外協力とは全く違うということを言葉の上で明確化した」と、そのねらいを明らかにしました。完全な同床異夢であったと言うしかありません。

実際、この衆院選でも、両党は政策協定を直接結ぶことも、相互推薦・支援を行うこともありませんでした。国民民主党、社民党、れいわ新選組を加えた5野党間で、289の小選挙区のうち217で候補者を一本化しましたが、当選者は62名にとどまりました。比例代表を含めて、共産・立憲両党とも議席を減らし、野党共闘の機運は一気にしぼみ、行き詰っていきました。

2　野党共闘の前進には何が必要か

結論的に言うならば、共産党が本気で野党共闘を前進させようと考えるならば、政権を担いうる主体に自己改革していくしかありません。その際に最も重要なのは、外交・安全保障政策です。

共産党の綱領は、日米安保条約の廃棄を最も重要な課題とし、自衛隊についても違憲と位置づけて解消を謳っています。そうしたなか、志位委員長は国民連合政府構想を示して以降、かつて封印した自衛隊活用論を再び持ち出し、急迫不正の主権侵害などが起きた際、野党連合政権が自衛隊を活用すると主張しています。それればかりか、日米安保条約の第5条に基づき、在日アメリカ軍に出動を要請する可能性にすら言及しています。その一方で、共産党としては日米安保条約の廃棄や自衛隊の解消を主張し続けるという立場です。

この自衛隊活用論には大きな問題があります。共産党は安保法制反対運動を契機として、憲法によって国家権力を縛る立憲主義の重要性を強調するようになりましたが、自らが支える野党連合政権が憲法違反であるはずの自衛隊を活用するのは、立憲主義に反してしまいます。そもそも自衛隊を活用することは、軍事力の必要性を認めることを意味するので、自衛隊違憲論の立場をとるのであれば、自衛隊を合憲にするための憲法改正を行うべきという批判を招いてしまいます。

また、自衛隊や在日米軍の活用といっても、共産党の場合には限界があります。それは現状維持までであって、強化は認められないという立場をとっていることです。こうした立場は、将来の革命の実現に寄与する範囲に限って、当面の改良を行うという考えに基づいています。ところが、安全保障政策は、日本を取り巻く国際情勢に左右される度合いが高く、仮に隣国が軍拡を行った場合、日本もそうしなければ抑止力が減退してしまいます。つまり、共産党の自衛隊活用論は軍事上のリアリティが十分ではありません。

一方、立憲民主党は綱領で日米同盟を日本の外交・安全保障の基軸として位置づけ、基本政策でも抑止力の維持を説いています。立憲民主党にとって共産党との「限定的な閣外からの協力」が閣外協力ですらありえないのは、外交・安全保障政策上の違いが極めて大きいのです。

元来、共産党は軍事的にはリアリストのはずです。戦後、共産党が日本国憲法の制定に反対した大きな理由は、自衛戦争を肯定していたからです。長く社会党の「非武装中立」論に対抗して、「中立自衛」論を掲げていましたし、1970年代半ばには公明党と憲法論争を行い、同党が絶対平和主義を唱え、9条をはじめ日本国憲法を絶対視していることを批判しました。今では、とても考えられないことです。共産党が「中立自衛」論を放棄して「非武装中立」論に転換したのは、冷戦の終焉後、1994年の第20回大会のことです。

外交・安全保障政策と並んで野党共闘の障害になっているのは、立憲民主党や国民民主党の最大の支持団体である日本労働組合総連合会（連合）との関係です。しばしば芳野友子会長に交代してから連合の共産党に対する態度が厳しくなったと言われますが、神津里季生会長の時代からそれほど大きく変わったわけではありません。野党間の候補者調整までは事実上黙認するけれども、相互推薦・支援のような公然たる選挙協力や野党連合政権の樹立には否定的な態度をとるというのが、連合の基本線です。

その背景にあるのは、一つに共産党との過去の禍根です。１９４７年の2・1ゼネスト計画や64年の４・17ストへの反対声明、全国労働組合総連合（全労連）の発足に伴う自治労や日教組の分裂などが挙げられます。もう一つは、連合が建設的な労使関係を唱え、大企業・財界との対等なパートナーシップの構築を目指す立場をとっていることです。この点で共産党の綱領とは大きな隔たりがあります。

２０２1年の衆院選で明らかになった野党共闘の行き詰まりは、22年の参院選で一層明白になりました。市民連合の政策要望書に国民民主党とれいわ新選組が加わらなかったばかりか、党首による署名が行われず、32の一人区での野党の候補者一本化は11にとどまり、結果も４勝28敗に終わりました。安保法制反対運動に始まる野党共闘は現在、大きな岐路に立っています。

３　革命政党であることを強調した６中総

共産党は7月10日の参院選の後、8月1日から2日間、第6回中央委員会総会（6中総）を開催しました。志位委員長による幹部会報告では、支配勢力の攻撃によって、参院選で後退を余儀なくされたという認識が示されました。さらに、ロシアのウクライナ侵攻がもう一つの大逆流になったとも述べられました。ただし、大きく押し込まれた地点から押し返しつつあったところに、参院選が行われたと述べ、「全党の大奮闘」を称えました。

党中央の責任についても触れています。第1に「勝利に必要な規模と速度に運動を広げ切るうえでの指導的イニシアチブを十分に果たせなかった」こと、第2に「『自力をつけるとりくみ』の問題――質量ともに強い党をつくるとりくみの問題」、つまり党員数や機関紙の読者数を前進させられなかったことです。これまでの方針が間違っていたわけではなく、それを一層強力に実行できなかったのが問題であったという理解です。

それゆえ、共産党は野党共闘を再構築していくために全力を挙げると述べつつも、そのための新たな方針を提示しませんでした。連合を「自民党など共闘破壊勢力への援軍」、国民民主党を「自公政権の『補完勢力』」と批判するばかりで、それらがなぜ共産党に批判的な姿勢をとり続けているかを理解し、その上で野党共闘に引き込むために自らの方針を見直すということはありませんでした。

全体として、6中総は野党共闘の行き詰まりを支配勢力の攻撃によるものだと捉え、この攻撃に対抗する必要性を訴えました。こうした文脈のもと、志位委員長による結語は、末尾で「日本共産党が、革命政党だ」ということを強調しました。

共産党は国政選挙で比例票を重視していますが、直前の参院選では目標の半分強の約360万票にとどまり、全体でも改選議席で2つ、前回に比べると3つ議席を減らしました。これは一つの国政選挙での敗北だけを意味しません。2020年の第28回党大会の決議では、党創立100周年の2022年までに野党連合政権を樹立するという目標を掲げましたが、それが不可能になりました。

党員の間では、22年間にわたって在任する志位委員長が責任をとって辞職しないことへの不満が、くすぶっていました。例えば、京都府の民主商工会（民商）を束ねる京都府商工団体連合会の久保田憲一会長は参院選後、SNSに「『人心一新』し出直すため、党員による選挙をしたらどうでしょうか。誰も猫の首に鈴をつけたくないので、委員長自ら決断を」と投稿しました。現役の党員でもある久保田会長は、取材に「周囲でも交代を求める声が多い」と語っています（『朝日新聞』2022年8月2日）。

こうしたなかで開かれた6中総で、志位委員長は退任を表明しませんでした。それだけでなく、翌春の統一地方選を理由として、人事などを決める党大会を1年間、延期することを決めました。事実上、議論の機会が封じられたのです。

4　統制を強める党指導部

6中総を契機として、党中央は党内統制を強めています。8月23日、日本共産党中央委員会党建設委員会の名前で、「日本社会の根本的変革をめざす革命政党にふさわしい幹部政策とは何か――一部の批判にこたえる」と題する文書が発表され、翌日のしんぶん赤旗に掲載されました。

この文書が強調しているのは、「革命政党」であるということです。「だからこそ支配勢力は、その前進・躍進をおそれ、たえず攻撃をしかけてきます」。したがって、「複雑で困難なたたかいの前途をひらく理論的・政治的力をもった指導部が絶対に必要」と力説し、「試されずみの幹部」の大切さを説きます。要するに、志位委員長が長期に在任していることは、革命政党として当然であるという主張を示したのです。

この文書は、党首を党員投票によって直接選ぶべきであるという批判に対しても、反論を加えています。これについてもまた、「支配勢力の攻撃をはねのけて社会変革を進める革命政党にとっては」、民主集中制の組織原則が大切であり、党員の直接投票による党首選挙を実施した場合、民主集中制が否定する派閥・分派が形成されてしまうという理由を提示しています。

この文書は、理論的な反論にとどまらず、実態としても党指導部が民主的な選挙によって選ばれていると主張します。党大会では、全国から選出された代議員による民主的選挙が行われて中央委員会が選出され、その中央委員会が幹部会や幹部会委員長、書記局長などを民主的な選挙によって選出している、それらの選挙にあたっては他薦と自薦（立候補）の自由が保障されている、などと述べています。

ところが、党規約の第13条には、「指導機関は、次期委員会を構成する候補者を推薦する」と書かれています。実際、共産党では他薦や自薦はほとんどなく、各級の指導機関の（前）執行部が候補者の推薦リストを作成し、多くは信任投票が実施されるにとどまります。つまり、定数を超える複数の候補者による自由な競争は、ほぼ存在せず、人事は事実上の任命制なのです。

元京都府委員会常任委員で党員の鈴木元氏は、著書『ポスト資本主義のためにマルクスを乗り越える』（かもがわ出版）のなかで、次のように書いています。

> 地区党会議であれば現在の地区委員会からの推薦名簿が唯一で、代議員の中からの立候補はめったにいない。……共産党の役員選挙に関してもう一つは、その投票方法である。20名の役員を選ぶ時、一人ひとりの投票用紙があるのではなく、最高裁の裁判官審判のよう

に複数の候補者名簿が書かれ、その上に○×を書くとなる場合が多い。しかも多くの場合、「会場が狭い」こともあって、隣の席から見える代議員席で書き込み投票するやり方が行われてきた。

事実上の任命制であるだけでなく、日本国憲法の第15条に規定される投票の秘密すら保たれていないのが実態なのです。さらに、鈴木氏は民主集中制が「民主主義」よりも「中央集権」に傾く理由を、次のように明らかにしています。

共産党の中核を担っているのは専従役員であるが、県役員が選ばれる県党会議の前に党大会があり、そこで中央委員に選ばれた人が、県党会議において県委員長になっている。地区党会議の前に県党会議があり、そこで県役員に選ばれた人が地区委員長に選ばれている。余り知られていないが都道府県にいる中央役員の給与は中央委員会から支給されてきた。つまり県にいる中央役員の人事と給与は、中央委員会が握ってきたのである。

共産党は2000年の第22回大会で規約を抜本的に改正し、「前衛政党」という言葉を削除し、党機関についても「上級」「下級」という用語の使用を控えました。さらに、民主集中制の組織原則を「党内に派閥・分派はつくらない」などの5つに整理し、旧来の「党の決定は、無条件に実行しなくてはならない。個人は組織に、少数は多数に、下級は上級に、全国の党組織は、党大会と中央委員会にしたがわなくてはならない」という規定を削除しました。しかし、実態として、大きくは変わっていないようです。

かつての宮本顕治議長の例をみても、最高指導者である志位委員長は、自らが辞任を決断しない限り、その地位を保てますし、かなりの程度、自らの判断で次の委員長を決めることもできます。そのことは党に継続性を与えるでしょうが、変化に対応する能力を弱めてしまいます。さらに、分派が禁止されているため、党内の多様性が損なわれ、活力が高まりません。党員の声が党指導部に反映しにくいので、共産主義のイデオロギー的魅力が減退した現在では、党員の獲得にもマイナスに働いていると考えられます。

以上みてきたように、現在の党指導部は、支配勢力の攻撃と戦う革命政党であることを理由として、最高指導者の長期在任を擁護し、分派を禁止しています。それは国家指導者が戦時体制下で国民の異論を封じ込めるのと似ています。共産党は権力制約原理たる立憲主義を高唱するのであれば、それを党内にも導入すべきでしょう。熊沢誠教授が書いた『民主主義は工場の門前で立ちすくむ』という本がありますが、民主主義は共産党本部の入口前でも立ちすくんでいるかのようです。

5　創立100周年をどう捉えるか

志位委員長は9月17日、日本共産党創立100周年記念講演会で演説を行いました。そこでも民主集中制の組織原則に対する「上意下達の党」「閉鎖的な党」といった批判に反論しています。具体的な例として挙げられたのは、2020年の第28回党大会がいかに民主的に行われたかということでした。

志位講演によると、この党大会の議案は開催日の2か月半前に発表され、支部、地区委員会、都道府県委員会が会議を開いて議論を尽くし、全体で1800件の意見や提案が寄せられました。また、215通の個人的な意見が届き、しんぶん赤旗の臨時号に掲載されました。それらの意見は一つずつ検討され、それを踏まえて大会議案が修正・補強された上で、採択された、ということです。

拙著『日本共産党――「革命」を夢見た100年』（中公新書）のなかにも書いた通り、その程度の党内民主主義は、確かに存在しています。決して志位独裁ではありません。しかし、党内民主主義には非常に大きな限界が存在することも確かです。大会議案は党中央が作成するのであって、手直しされるとしても、根幹に関わる大幅な修正ではありません。機関紙の臨時号には、党名や基本政策の変更、民主集中制の廃止など多岐にわたる少数意見が掲載されますが、それらが全党的な討議に付されることもありません。

この志位講演の最後で強調されたのは、やはり共産党が革命政党であることでした。「支配勢力による攻撃は、わが党が革命政党であることの証しであり、社会進歩の大きな流れのなかでみれば、たいへん名誉なことではないでしょうか」とすら述べられています。しかし、そうした支配勢力の攻撃をはねのけて、なぜ結党以来の100年間、革命を成就させられなかったのかについては、全く分析していません。

実際に革命が成功したのはソ連や中国といった国々ですが、日本共産党は現在、いずれも社会主義に到達しなかったという評価を下しています。そして、2020年の綱領の一部改定では「発達した資本主義国における社会変革は、社会主義・共産主義への大道」と強調しました。ところが、先進資本主義国では歴史上、共産党が主導する革命は全く起きていません。志位講演は、そのことに関する分析を欠いています。

100年間、革命の手掛かりすらつかめなかった日本共産党が今後、革命を実現できる科学的根拠は一体どこにあるのでしょうか。2022年7月15日に掲載されたNHK政治マガジンの「〝革命〟いまだならず　共産党100年　志位委員長に問う」という記事で、志位委員長は、「次の100年後も共産党は存在しているか」という問いに対して、「絶対に存在している。大きく発展し、政権を担う党として存在している、そうなるだろうという希望を持ってもいいんじゃないかと思う」と答えています。これは良く言って希望的観測、悪く言えば空想にすぎません。

要するに、革命政党であることを強調する一方で、革命の具体的な展望は語らないという矛盾した状況なのです。2022年までに野党連合政権を樹立するという目標すら達成できない以上、民主主義革命を担う民主連合政府の樹立は、実現したとしても、かなり先のことというのが正直なところなのでしょう。そうだとすれば、遠い将来の革命のために現在、党内民主主義を抑制することが正当化できるのか、はなはだ疑問です。

そのような状況のもと、党勢の衰退は着実に進んでいます。志位講演で明らかにされた現在の数字は、党員が約26万人、機関紙の読者は約90万人です。2020年の第28回党大会の決議には、党員数が27万人強、機関紙の読者数が100万人と書かれているので、この2年間も着実に後退が続いていることを示しています。機関紙の読者数が2000年に199万人で、うち35万人が日刊紙であったことを考えると、現在の日刊紙の読者数は16万人弱と推定されます。このままだと、全国的な配達網の維持が厳しくなるでしょう。革命は遠のくばかりです。

6　日本共産党はどこに向かうのか

志位委員長は100周年記念講演を振り返るインタビューのなかで、この間、「学術書の体裁をとった攻撃」などが加えられていると指摘し、「党の歴史と綱領に対する事実に基づかない非難と中傷」であると断じています（しんぶん赤旗日曜版2022年10月23日号）。事実に基づかない分析を行う本は学術書とは言えませんが、どの本のどの部分が事実に反しているか具体的に述べなければ、建設的な論争にはつながらず、それこそ「非難と中傷」に陥ってしまうのではないでしょうか。機関紙しんぶん赤旗が桜を見る会の疑惑などで事実を丁寧に掘り起こし、それに基づいて追及してきたことを高く評価している一人として、残念でなりません。

この拙稿にも、共産党に対する攻撃だという批判が加えられそうですが、そうではありません。私は共産党が変われば、もっと大きな役割を日本政治で果たしうるのではないか、場合によっては自民・公明両党に代わり得る政権の枠組みを作ることができるのではないか、という認識を持っています。また、共産党の現状については事実に基づいて述べてきたにすぎません。反論があるのであれば、「反共」というレッテル張りをしたり、感情的に反発したりするのではなく、事実を示しながら建設的に行っていただきたいと思います。

拙著では、共産党が路線転換をする場合の二つの選択肢について書いています。一つは、イタリア共産党のような中道左派の社会民主主義への移行です。野党共闘による政権交代を目指すのであれば、この路線が採用されるべきでしょう。外交・安全保障政策などについて現実化を進めなければ、政権を安定的に担うことはできません。もっとも、共産主義ほどではないとはいえ、社会民主主義は現在、西欧諸国でも勢いを欠き、私自身、この路線をとればバラ色の未来が開かれると考えているわけではありません。

それでも、日本社会党が社会民主党に転換し、衰退していったことを反面教師にすべきであり、社会民主主義への移行はあり得ないという主張に対しては、一言、反論しておきたいと思います。イタリア共産党との比較を踏まえるならば、かつての日本社会党について教訓にしなければならないのは、追い込まれた末、小出しで路線転換するのは愚の骨頂であるということです。社会党が土井たか子委員長の時代に党改革を進め、野党第一党としての大局的観点から公明党や民社党に譲るべきは譲り、野党連合政権の樹立を主導できていれば、その後の展開は大きく違ったはずです。つまり、党の体力があるうちに大胆に変わるべきなのです。

もう一つの選択肢は、急進左派の民主的社会主義です。ヨーロッパでは欧州左翼党、「欧州統一左派・北方緑の左派同盟」を構成する諸政党がこれにあたり、ドイツやスウェーデンの左翼党、スペインのポデモス、ギリシャの急進左派連合（シリザ）といった政党が代表的な存在です。アメリカ民主党のバーニー・サンダース、「不服従のフランス」のジャン＝リュック・メランションも、ここに分類されるでしょう。野党連合政権の樹立にこだわらなければ、この選択肢の方が、日米安保条約の廃棄をはじめとする従来の方針との摩擦が少ないでしょう。

志位委員長は日本共産党創立100周年記念講演会の後の記者会見で、発達した資本主義国の左翼・進歩政党との交流を進めたいと述べましたが、ヨーロッパの急進左派の主力は今では共産主義ではなく民主的社会主義に立脚する政党です。是非、交流を通じて大いに学んでいただきたいと思います。

最後に、社会民主主義であれ、民主的社会主義であれ、はたまた共産主義を維持するのであれ、分派の禁止を伴う民主集中制を改め、党員参加による党首選挙を行うことが最低限、必要ではないでしょうか。そうでなければ、党内が活性化せず、党員も増えないであろうからです。機関紙の配達、多額の党費やカンパ、ビラまきなど、共産党員の献身性は尊敬に値します。しかし、高齢化が進み、「世代的継承」が全党的な課題になっています。それを実現するには、分派の禁止を緩めて党内の多様性を積極的に承認しつつ、党員の党首選挙への参加を実現していくしかないと思います。

この間、党幹部のツイッターの文章が相次いで削除される事態が起きています。田村智子副委員長の衆院選後の反省ツイート、穀田恵二国対委員長の立憲民主党と日本維新の会の国会共闘に関するツイートなどです。科学的社会主義に基づく綱領を肯定する立場を共有しているとしても、個別的な方針については幹部の間ですら様々な意見があります。そうであれば、一般の国民に見える形で、共通の土俵の上で自由に発言を行い、意思決定を行っていくことが、なぜできないのでしょうか。やはり、支配勢力の攻撃を受ける革命政党だからでしょうか。

現在の綱領は、民主主義革命を遂行する民主連合政府の樹立を「国民多数の支持を得て、国会で安定した過半数を占める」ことによって実現すると謳い、社会主義革命（社会主義的変革）についても「国民の合意のもと、一歩一歩の段階的な前進を必要とする長期の過程である」と規定しています。つまり、仮に革命を目指し続けるとしても、国民の支持や合意が最も大切なのです。したがって、党中央による指導という前衛党の残滓を払拭し、徹底的に国民に開かれた党組織を作ることが必要だと思います。

共産党が本格的な自己改革を行えば、日本政治の左右のバランスは大きく変わる可能性があります。社会民主主義に移行して立憲民主党などとの野党連合政権の樹立を目指すのも一つの方法ですし、民主的社会主義に転換して格差問題や気候変動に関心を持つZ世代の若者などからの支持獲得を目指すのも一つの方法です。さらに、いずれの場合も、党内民主主義を飛躍的に深化させ、多様性と参加を拡大していくことが不可欠です。志位委員長自身、１００周年記念講演のなかで「自己改革」の重要性を強調しています。

共産党は抜本的な自己改革に踏み出す勇気さえ持てば、日本政治のゲーム・チェンジャーになり得る。そんな存在だと思うのです。

ぶれずまっすぐな政治集団として
さらなる期待

エコノミスト、同志社大学教授　浜　矩子

1 「アホノミクス」への怒りから共産党に接近

共産党が弱者救済で一貫していることは、若い頃から基本的にはずっと考えていました。私の高校時代の恩師が共産党の中でも民青で非常に活躍された方で、彼が言っていたことの中から、そういうメッセージを私は受け止めていたと今思います。

三菱総研の時の上司はエコノミストの高橋乗宣さんで、私のメンターというか恩師でした。彼は共産党とは結構喧嘩していましたが、喧嘩しながらも、政策の役割は究極的には弱者救済だということを乗宣さんもよく言っていました。そういう考え方が反権力の共産党的なるものの中にあるということは、かなり早い時期から自分の中に浸透していたかなと思いました。

今は、共産党とともに党派・無党派を超えて政治変革の共同を進める全国革新懇（平和・民主・革新の日本をめざす全国の会）の代表世話人として加わっていますが、最近までは共産党との直接的な接点はありませんでした。共産党と私の距離はがぜん縮まったという感じがした、同じ怒りと同じ脅威の念を共有しているなと思ったのは、第二次安倍政権の「アベノミクス」と言われた「アホノミクス」の登場によってからです。小泉政権時代から、折に触れて話を聞きたいと、しんぶん赤旗から取材していただけたのはボチボチありましたけれど、やはり急接近

はアホノミクスの大将・安倍元首相が取り持ちすることになりました

2　政策の本質である弱者救済

私は「しんぶん赤旗」２０２２年7月15日付の「日本共産党創立１００周年（１９２２～２０２２）に寄せて」（以下、「１００周年に寄せて」）で、「反戦平和を貫き労働者の権利を守る——。日本共産党の二つの活動の柱はいまこそ重要な欠くべからざるテーマです。平和が崩れれば、最初に脅かされるのは弱者の生活と生命です。経済政策の本来の仕事も弱者救済です」とし、「政策の本質である弱者救済というテーマにしっかりと焦点を当てて、１００年にわたって活動してきた実績のある政治集団が日本に存在しているのは心強いことです。一段と声高にそのテーマを掲げていただきたい」と期待を寄せました。

弱者救済がいかに政治と政策の大きな使命であるかということは、コロナが襲来したことで本当に誰もがよく分かってきたと、私はつくづく思います。政策は弱者救済のために経済の均衡、経済活動のバランスを保持しなければならない、崩れてしまった均衡は復元しなければならないということは、私が確信してずっと言ってきことです。コロナがやってきて、さらにウクライナ問題の影響で物価が高騰する状況を見ると、本当に経済のバランスが崩れると、いの一番に最も厳しく弱者が痛むということが、現実に目の当たりにしていると思います。私としては理屈として、弱者救済のための経済バランスの保持が経済政策において最大の使命だとずっと考えていましたが、それが実際に悲惨な形で自分が考えていたことが検証されるのは、なんと受け止めていいのかという感じがあります。やはり、こういうことになるのだから政治と政策は弱者救済から絶対に目を離してはいけないと改めてつくづく思います。

結局のところは、人間の命に係わる問題なのです。弱者が痛むということは弱者の命が危機にさらされる、基本的人権の最も基礎的なところである生存権が脅かされることになるのであって、それは絶対に政策、政治が許してはいけないということです。極限的に基本的人権を守るということが政策、政治の最も根源的な役割であって、そのことを貫徹するためには弱差救済を最も全面に押し出していなければならないと痛感しています。

3　反戦平和で包摂的な共生

「100周年に寄せて」では、「反戦平和を崩す要因が世界で強く働いています。この不幸な状況に便乗して『だから大軍拡だ』と話を持っていく人びとのえげつなさと品位のなさに、あ然とし、怒りを感じます」としました。

ロシアのウクライナ侵攻と「台湾有事」を口実に、日本では防衛費をＧＤＰ１％から２％に倍増する軍拡を、自民党や維新が先導しているのは、まったくけしからんことに尽きますし、その不謹慎さに唖然とするほかありません。ウクライナで人々が悲惨な目にあっていることを口実に使って、だからこそ軍備増強だという言い方をするのは節度なく無神経で、そういう感覚で便乗商法をやる人たちが政権の座についているのはまったく許せません。

これは日本国憲法の前文で言っていることにまったく反する姿勢です。そのような意味では憲法違反発言ではないかと思います。日本国民は平和を愛する諸国民の公正と信義に信頼して、自分たちの安全と生命を保持していくことを決意したと憲法前文で宣言し、相手を信頼して命までも相手に任せてしまうという、ものすごく勇気ある素晴らしい宣言をしているわけです。そういう憲法を持っている国の政治家が、他国で起きている悲惨な事実を我々の目の前にぶら下げて、こういうことになるから軍備増強しなくいといけないというのは、あまりにも精神性の低さ、怒るにさえ値しない愚劣な姿だと思います。

また、「平和憲法を持つ日本は安直な軍拡論議に乗らず、平和を取り戻すためにできることを考えるべきです」として、「それがいえるのは共産党です。排他的な『防衛のための同盟』でなく、包摂的な『平和のための共同体』の発想を前面に出していただくことが重要です」とも述べました。

包摂的な共生というのは、共産党が一貫して打ち出している姿勢で、そのメッセージを非常にシンプルに付帯条件などなしに前面に出しているのがいいです。政治の世界では往々にして尾ひれ胸びれをつけてヘッジをかけるようなものの言い方が多いです。政治家の中では真っ当なことを言っているようで、いろんなものをそこにくっつけてしまって逃げ道をつくっておくというものの言い方、発信の仕方、ものの書き方が多いですけど、共産党の幹部の皆さんの発言や書き物にはそういうところがないというのがとても重要だと思います。逃げず、ぶれず、まっすぐにという形で言わんとすることをしっかり主張しているところは、政治集団として高く評価できるといつも思っています。

4　支離滅裂な自民党の経済政策

「自民党の経済政策は支離滅裂です」として、「日銀の財政ファイナンスをやめられず、世界の潮目が変わっているのに、日本だけが金融大緩和状態を続けています。それが円安をもたらし、一段のインフレ圧力が国民の生活を追い詰めています」と、「100周年に寄せて」では述べました。

まさに日銀が窮地に立たされ、政府は為替介入という手段に訴えざるをえなくなっているところに、今の自民党政権の経済運営の根底的な問題が赤裸々になっていると思います。日銀がこの間にやってきた異次元の金融緩和は形としては物価上昇率2％というインフレ目標を掲げましたが、真の目的は財政ファイナンスだったわけです。政府が思うだけの金を使えるようにバックアップする。そのために猛烈に借金が増えて日本国政府が事実上破綻しているということを隠蔽する。この隠蔽工作と政府の意のままにお金を生む打ち出の小づちとなるということが、異次元緩和政策なるものの本質的な狙いだったのです。

海外との金利差が拡大してそれが円安をもたらし、インフレを煽り、物価も上がり、弱者を痛めつけているという状況です。こうした大いなるゆがみを抱え込んでいるのですから、この歪みを是正しねじれをほどくためには、異次元緩和をやめるのが唯一の正しい選択です。日銀や政府はこれは我々が目指した物価上昇ではないと言っていますが、物価が上がってきているわけですから、異次元緩和をやめるのが正しい選択です。

異次元緩和はデフレ脱却のためではなくて、国債の利回りが上がらないように財政ファイナンスのためにやっているので、だからこれをやめるわけにはいかない。円安になって、円安に良いも悪いもないのに、「悪い円安」だというような言い方をして、この悪い円安を抑え込むためにはもはや為替介入しかないというところに到達しています。やるべきことは異次元緩和をやめることですが、下心にある財政ファイナンスという魂胆が底流にあるために、やめるという選択が封じ込められてしまっていて、小手先の為替介入で何とかしようとしています。

そもそも為替介入というやり方は、自国通貨の為替相場が行くべきではない方向に向かっている時にやるものです。国内の経済情勢と整合性のある形で為替が動くのではなくて、国内の経済実態と整合しない方向に何らの為替戦争をしかけているとか、何らかの経済的ではない要因で為替が行くべき方向に行っている時に為替介入は正当化され、効果のある政策です。しかし、今の円安は日本が自分で作っている円安で、今この状況で円安になるのは当たり前なのに、為替介入で止めようとしているのは政策的に言ってもルール違反です。だが、それをやるしかない。邪な下心を持って経済運営をやると、こういうことになっているのです。

どうしようもない袋小路に追い込まれています。今の政府、日銀の姿の中に、いかに不適切な政策選択をしてきたか、いかに下心に基づく経済運営であったかが、露骨に出てきている、完全に露呈してしまっていると思います。彼らの身から出たサビもいいところで、我々の生活が痛めつけられる。これは到底許しがたいことです。

5　政府に分配の責任追及を

共産党は、この前の参議院選挙でも最低賃金の大幅な引き上げを訴えていました。日本の賃金がこの十数年この方上がっていない問題をなんとかしなければいけないのは間違いないです。

岸田政権は企業に賃金を上げてくださいと一生懸命お願いしていますが、それになかなか付き合ってくれないので、アホ丸出しの資産所得倍増計画などというものを打ち出すことになっています。政策責任者たちとしては、民間企業に賃金を上げろとお願いするのはいいのですが、自分たちが政策的に何ができるか、弱者救済という観点から労働分配率がこんな低い状況の中で所得再分配を政策面からどうすれば実現できるかをまず考えるべきだと思います。

私は岸田首相のことを「アホダノミクス男」と命名しました。困った時のアホ頼みだし、成長と分配の好循環というのが「アホノミクス」(アベノミクス)の丸コピーなので、「アホダノミクス男」と命名しました。彼が言っている「成長と分配の好循環」とか「新しい資本主義」とか、私はあれは「馬鹿らしい資本主義」だと思います。新しい資本主義という構想の中で彼が分配を言うときには、自分たちが政策責任者として分配政策の当事者だという認識がどこにも表明されていないのです。

企業に賃金上げてください、下請けさんへ正当な報酬を払ってくださいという言い方をして、あたかも民間企業が分配の主体であるかのごとくの言い方しかしておらず、自分たちが弱者救済の主担当者であるという認識がどこにも表明されていないのが大きな問題だと思います。自分たちがこうします、こうして所得再分配をします、金持ち増税にも付き合っていただきますとか、例えば、膨大な内部留保の一部を賃金の底上げのために拠出してくださいとお願いしてお付き合いいただいて分配のゆがみを是正してまいります、というような、そもそも分配の主体は自分たちだという認識のなさを何とかしてもらわないといけません。

しかし、岸田政権には何とかする気がない。そこに自民党的な姿勢の根源的な問題があると思いますし、そこを共産党には突いてほしいです。「分配はあんたらの仕事じゃないの」と、ぐっと突っ込んでいただきたいです。

6　党首公選制はやってもいいけども…

「100周年に寄せて」でも、「共産党がいまのスタンスを変える必要はありません。引き続き、精緻な分析に基づいて明快に論理的に政府与党と対峙し、舌鋒鋭く論戦を繰り広げていただきたいと思います」と述べましたように、別に姿勢や構えという意味では迎合的に変えるということは、むしろしない方がいいと思います。

世の中に共産党アレルギーがとても強いことも、あまり気にしないでもいいかと思います。共産党はあくまでも共産党らしくということで、素直に自然体を前面に出していって、らしくないことをやるのは、いい結果をもたらすことはないと思うので、らしさを前面に打ち出していっていただきたいです。

党首の公選制はやってもいいかなとは思います。国民の不信感というか警戒感を払しょくするという命題とのかかわりでは、一番やりやすいのは党首公選制に行くということかもしれません。ついこの前にイギリス保守党がやったように、党首の公選制シアターみたいなのをやると、党のリーダーの中にはこういう人がいるのかとか、討論してやり合うのが見える面白さや親近感が持たれるという面は確かにありますので、そういう意味ではやってもいいかなと思います。

しかし、基本的にはあまりこびない方がいいですね。

たとえば、内部での議論を開示するということは、自民党もあまりやっていません。変な暴言をはく人もいますが、内部でどういう議論をしているのかを彼らが積極的に開示しているという感じはないので、共産党だけやれというのはちょっと違和感がある気がします。

共産党だからという勘繰りがあるので、それを払しょくするためにというのならば、そういうことをやってもいいかなと思いますが、特に共産党だけが裸になることを求められるというのは、私としては違和感があります。ものすごい言論統制をやっているとも思いませんし、特に共産党の政治家たちや共産党員は、思いを一つにしているところが非常に大きいから、その中であまり異論が出たりしないのは自然体ではないかと思います。自民党は烏合の衆というか、自己都合を達成するための集まっている集団なので、あっち見たりこっち見たりと、その時々に風見鶏的にいろんなことを言います。これに対して、共産党は信念の集団なので、信念の集団としての姿をそのまま見せるということでいいのではないかという気がします。

7　消費税減税には異論

共産党が共産党らしくあるということは、まさにブレずひるまずやっていただくということで、貫いてしまっていいと思っています。ただ、政策姿勢という意味では、共産党が消費税の減税を言っていることと、消費税に関するインボイス制度をやめろと言っている、この二つは合点がいかず、そこはちょっとなんとかならないものかなと思います。

現在は日本の財政をなんとかしなくてはいけない。財政はそれこそ弱者救済を含む民間経済に対するレスキュー隊として、いざという時に機能しないと困るので、そのためには不健全な状態をずっと続けるということは許されない。その健全性を回復するためには消費課税で税収を上げるのは、私は間違っていないと思います。

日本国民から幅広くしっかり税金を取る。それなりに重い税金にしておいて軽減措置を導入するとか、高額所得者が消費するものにはもっと重い税金をかけるとかメリハリをつけて税収を確保するのが真っ当な方向感だと思うので、消費税の廃止や減税には納得がいかないということがあります。国民のために財政を有効に機能するためには、この財政の健全性を回復することが必要で、それは消費税というものがそれなりに税収をもたらす形を確保しないとダメだと思います。

軽減税率をきちんと運営するためにも、インボイス方式で、誰がどこからどういう税率のものをどれくらい仕入れているか、軽減税率のものを誰に売っているかというのがきちんと把握できることが必要ですし、益税が出ているという非常に不思議な状態があるわけです。だから、そのようなゆがんだ形の消費税体系をずっと続けているのは、大きな問題があるのです。

そもそも、最初に消費税3%を導入する際に、簡易課税方式や免税とか非課税様式を設けたのが問題なので、安直にやりやすいやり方を取ったがゆえに、今いろんなゆがみが出ているのを、この機会に是正するのは、それ自体は妥当な選択だと思います。やはり、透明性があって公平な消費税の体系を確立して、消費財から税収が上がり、まともに機能できる財政を実現する。これはやはりこの道しかないと思います。

もっとも、ものすごい金持ちへの増税や法人増税をやるならば話は別ですが、財政をどういう状態に持って行くというのが最初にあって、そこから政策選択をしていくというのが真っ当な流れだと思うので、そこは共産党の中でも議論していただければいいのかなと思います。

100年かけて作られたもの

小説家、法政大学教授　中沢けい

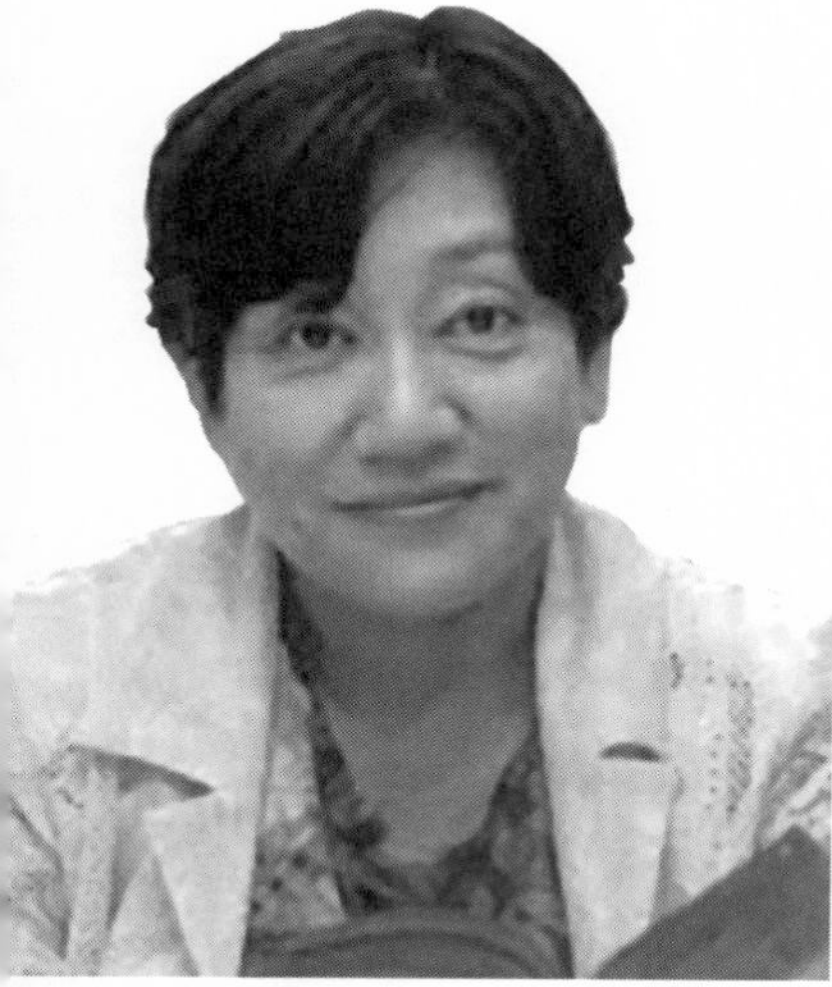

夏目漱石の『夢十夜』の第一夜は女が死ぬ間際に「百年待ってください」と告げる話だ。女の墓の傍らで日が昇り、日がおちるのを見送っていると、ある時、女の墓から百合の花が咲く。その時、ああ、もう100年が過ぎたと気づくという夢だ。『夢十夜』は1908年（明治41年）に東京朝日新聞に連載された小説だ。共産党結党100年と聞き、漱石の『夢十夜』第一話の結末の呆気なさを思い出した。

100年という歳月の連想だけで、この作品を思い出したわけでもない。夏目漱石が朝日新聞と社員の契約を結び連載小説を書き始めた頃は、日本社会にも新聞というものが広く受け入れられ始めた時期である。日刊紙を講読するのがある程度の経済力がある家庭では当たり前になってきた時期であり同時に、出版も産業として定着した時期でもある。明治末から大正期に、現在の日本の大手新聞社、大手出版社が出そろうようになった。そこに新聞の購読者がいる。そこに書籍の読者がいる。言論活動の活発化がある。それから100年にやや余る時が過ぎ、新聞・雑誌・書籍は先端産業から旧時代の産業に変わろうとしている。2020年に新型コロナが登場し、学校や職場でデジタル技術によるリモート授業やリモート就業が盛んになり、従来の活字は決定的にデジタル技術に置き換わったと言っても過言ではないだろう。

共産党の100年で何かを書くように言われ、頭に浮かんだのが活字文化の興隆から衰退までの100年であった。漱石が朝日新聞に『夢十夜』を連載してから14年後に日本共産党が結党される。その翌年の1923年は関東大震災の年である。

これから書こうとすることは、新聞や出版関係の仕事をしている人には良く知られ過ぎているることで目新しくもないだろうが、ここ数年、選挙制度や議会制民主主義を維持するためには報道と言論活動が公正にされることが必要だと痛感するので、新聞、出版の来歴を振り返っておくのも無駄ではないだろう。

関東大震災の時に起きた朝鮮人虐殺事件は新聞による誤報が被害拡大に大きな役割を果たしたことがよく知られている。ラジオ放送の開始は1925年3月なので1923年9月の関東大震災の時は速報性を持ったメディアは新聞が唯一であった。朝鮮人虐殺が起きると同時に社会主義者やアナーキストの虐殺も起きている。大杉栄、伊藤野枝そして甥っ子の橘宗一が憲兵に殺されたのもこの時であった。橘宗一はまだ6歳の少年だ。この年の1月に文藝春秋社を創業したばかりの菊池寛は「横光利一君、連絡を」の幟旗を持って東京の被災地を歩き回ったそうだ。革命を含む社会変革を人々の存在、植民地から独立を回復しようよする人々がいる一方で、日本の国土開発を担う労働者として朝鮮半島出身者が多く存在したこと、新聞、出版活動の活発化など関東大震災の時の出来事は日本社会の変化をも物語っている。私がそれと気づいたのは最近のことであると付け加えておく。

紙は火と水に弱い。関東大震災は東京とその周辺に蓄積された書籍に大打撃を与えたことは言うまでもない。しかし、書籍が受けた打撃は昭和初期の円本ブームを生んだ。震災で失われた明治からの書籍を1冊1円という値段の全集として予約販売するという円本は広く社会に受け入れられ、出版社を潤し、さらには近代文学研究の萌芽となった。当時、1円という値段は、現在の価値にするとどのくらいの値になるのかと尋ねたことがある。大阪市内なら1円の定額タクシーが登場したのは1924年（大正13年）で円タクと呼ばれ、2年後の1926年（大正15年）には東京市内1円の円タクも現れる。タクシー料金から類推すると1円は現在の金額にすると5000円程度ではないかと言う。

円本は庶民に受け入れられたと解説されることが多いが、1冊5000円の本はなかなか高価だ。私の手元には、神田の古本屋街で見つけた改造社版『現代日本文学全集』別冊がある。クロス装で堅牢な造本のなかなか立派な本で、こんな本を自宅の書架にそろえた人の満足感が想像される。改造社版『現代日本文学全集』全63巻は改造社社長の山本実彦発案で1926年（昭和元年）に刊行が始まった円本の嚆矢であった。改造社は1828年（昭和3年）から1930年（昭和5年）に『マルクス・エンゲルス全集』全20巻を刊行した。これが円本ブームの掉尾であった。

1931年には満州事変勃発。満州事変を起点に1937年の盧溝橋事件と戦火は広がり、1941年の日米開戦から1945年の敗戦までを一五年戦争と呼ぶこともある。言論の自由が失われ思想統制が行われた時代とされるが、出版流通と出版社の経営からみると、暗いばかりではなかったようだ。用紙が配給制となり、出版流通を支える取次も１９４１年に戦時統制の一環として日本出版配給となった。配給制の用紙の割り当てを得られた出版社は、市場に出した本が返本されるというリスクを負わずに本を出すことができたので、手堅く利益を揚げた。あえて極端な言い方をすれば出版物もまた戦時物資のひとつとして扱われ、軍需産業が利益を揚げたのと同じような仕組みで利益を揚げることができたのである。長谷川郁夫『美酒と革嚢　第一書房・長谷川巳之吉』には、戦時中の出版統制、出版流通再編成の動きの詳細が描かれているが、同じ時期に戦時下に残った出版社が利益を上げていたことを知った時に私は唖然としたものだ。著者の長谷川郁夫氏は文学書籍の版元であった小沢書店の経営者でもあったから、戦時中の出版社が利益を上げていたことを知った時は驚いたと嘆息していた。「返本をくらわないなら本を出しただけ儲かるものねえ」と実感のこもった嘆息だった。

戦時統制で日本出版配給の一社となった取次は解体され、日販、トーハンの二社が全出版物の７割を扱う寡占体制となった。

敗戦から10年。１９５５年（昭和30年）は俗に言う55年体制ができた年、共産党の第６回全国協議会のあった年だ。武装闘争方針の放棄を決議した全国協議会は「６全協の衝撃」というかたちで、１９７０年代後半の高校生であった私もなんとなく耳にしていた言葉だ。共産党の武装蜂起方針の放棄に飽き足りない新左翼系のセクトが過激な活動に走る頃になると、私自身にもさまざまな記憶があるが、それはさておいて、メディアの変化に話を戻そう。

テレビ放送開始は1953年（昭和28年）。街頭テレビが人気を集めた。電波塔である東京タワー開業は1958年（昭和33年）。

1922年（大正11年）に新聞社系の週刊誌「旬刊朝日」「サンデー毎日」が発刊されていたが、1955年にダイヤモンド社が『週刊ダイヤモンド』の発刊を始め、週刊誌ブームが到来する。1956年（昭和31年）に『週刊新潮』、1959年に『週刊文春』の刊行が始まる。戦時統制で一社に統合され、戦後日販、トーハンの二社の寡占体制となった取次は、毎週発行される新聞社系、出版社系の週刊誌を日本全国へ同時に定価で配本する機能を充分に発揮した。もともとは配給のためにできた体制であったから、多種大量の商品を同じ値段で津々浦々に配布する方法にはたけていた。週刊誌の配本の仕組みは70年代に入ると漫画週刊誌の取り扱いにも生かされる。余談だが、私は小説作品を発表し始めた70年代後半には、週刊誌ブームの時に編集者を増員する必要があり出版社に入社したという編集者が編集長や部長職についていた。

時計代わりのテレビでざっくりとニュースを聞き、電車車内で週刊誌の中吊り広告を見て、へえそんなこともあるんだと政治や経済の動きをなんとなく了解するというスタイルは1959年（昭和34年）に私が生まれた頃に出来上がっていたわけだ。地方から飛行機で羽田に戻り、自宅に帰る途中の電車の車内で週刊誌の中吊り広告を眺めると「ああ、東京へ戻ってきた」という気分になった。新幹線で東京駅に戻り、駅の改札を出たところで新聞の号外が散乱しているのを見て「ややや」と驚いたことも何度かある。

駅のホームにある売店でよく買ったのは夕刊タブロイド誌で、１９６９年（昭和44年）創刊の夕刊フジに日刊ゲンダイが１９７５年（昭和50年）に創刊される。この二誌と競合するのは１９６０年（昭和35年）東京スポーツだ。

１９９５年（平成7年）にウィンドウズ95が発売され、デジタル技術が広がる。出版不況という声は１９８０年代半ばからよく聞いた。学生が本を読まなくなったという嘆きと一緒だったが、そう言われた往年の学生も今は定年退職を迎える年頃を過ぎている。

冒頭で新型コロナ流行は、印刷技術で作られた新聞や出版物を、デジタル技術とインターネット配信へと置き換えたと述べた。ここ数年の間に駅のホームから新聞や週刊誌を売る売店が姿を消した。電車の中吊り広告を出す週刊誌もなくなった。新聞購読者も減る一方だと聞く。テレビはかつての勢いを失くした。私自身はまだ紙の新聞を定期購読しているが、情報を取得するのはネットのＳＮＳを通じて得ることが多い。

ここまで書いてきて、やはり日本共産党の１００年は日本の新聞、出版の１００年と深く絡み合っていると私は思う。１９２８年（昭和３年）ガリ版刷りで創刊したというしんぶん赤旗は政党機関紙であるが、しばしばスクープを出す新聞としても知られている。世論形成にも大きな影響力を持っていた時期もあった。東日本大震災以降の10年は世論形成のための方法が紙からデジタルへと激変した時代でもあった。日本共産党は新しい世論形成の技術にどのように対処して行くのかにおおいに興味を持っている。１００年の歳月をかけて作られたものがどう生かされるのであろうか。答えはまだ見えない。

党度高めのわたし

ドイツ文学翻訳家

池田 香代子

初めに、わたしの立場をはっきりさせておきます。わたしは２０１４年以来、革新懇、正式名「平和・民主・革新の日本をめざす全国の会」の、30人の代表世話人の一人です。これは日本共産党と個人と団体が作る政治運動体で、当然、共産党色が強いのですが、代表世話人にはわたしのような党員ではない人びともいます。革新懇は共産党が党外の、「共産党もいいんじゃない？」と考える人びとも巻き込んだ議論や運動を広げようと作った組織だ、と認識しています。地域や職場にナントカ革新懇というのがあるのは九条の会と似ていて、わたしはこちらの会の12人の世話人の一人でもあります。

こうしてみると、わたしは我ながらかなり共産党度が高いようです。もっとも、九条の会は共産党丸抱えではない、九条改憲に反対するという一点で一致する市民の、ゆるくて広い集まりです。わたしは、共産党になんとなく惹かれるものを感じて、そのまわりにふわふわしている市民の一人です。

共産党の中のことはあまり知りません。綱領も運動方針も、目は通しますが頭に入りません。その都度の政治的なテーマを考えると、共産党の主張がいちばんしっくりくることが多いという、あくまでも外のシンパです。そのため、革新懇の会議の帰り道、またとんちんかんなことを言ってしまったのだろうか、と反省とも諦めともつかない当惑に浸ることがしばしばです。

野党共闘　共産党の本気

極めつけは２０１７年10月の衆議院選挙でした。共産党の志位和夫さんが党首第一声を挙げたとき、わたしは前座の弁士をおおせつかりましたが、開口一番に力いっぱい、「友だちが立憲民主党から立候補しました」と言ってしまいました。選挙直前、前原誠司さん率いる民進党が、突然、小池百合子さんの希望の党に合流し、そこから弾き出された枝野幸男さんたちが、急遽、立憲民主党を立ち上げました。この新党から、デモクラシータイムスというユーチューブの政治社会チャンネルをともに運営するジャーナリストの山田厚史さんが、立候補することになったのです。思いもよらない展開に、わたしは驚天動地の思いをしていました。

新宿駅西口を埋め尽くす共産党支持者の方々からは、いっせいに拍手が起こりました。勢いなのか、仕方なくなのか、とにかくみなさん手を叩いてくださったのです。それを聞きながら、しまった、またヘンなことを言ってしまったと後悔しても、もうどうにもなりません。選挙カーのルーフから降りるとすぐ、志位さんに、場違いなことを口走ってしまったことを謝りました。すると志位さんは、「あれでいいんですよ、あなたこそ野党共闘のシンボルなんだから」と、力を込めて慰めてくださいました。

その言葉をすなおに信じたのには理由があります。あの選挙の2年前、２０１５年9月19日の深夜、おびただしい市民学生が国会を取り巻いて抗議する中、安保法制が国会を通ってしまいました。連日の雨空を、ＳＥＡＬＳの鋭い光芒がつんざいた最後の日でした。憔悴と怒りで寝もやらずに迎えた朝、志位さんが記者会見を開きました。これからは野党共闘で行く、と。それは、「野党は共闘」と連日連夜ＳＥＡＬＳのコールに声を合わせていた人びとの思いを受け止め、たたかいは終わっていない、これからだ、と奮い立たせるに十分な宣言でした。わたしははっとして、眠気も吹き飛びました。しおたれている場合ではない、と気を取り直しました。

しかし、わたしが最も感動したのは、記者の質問に答えて志位さんが言ったひとことです。共闘は「相手のあることですから」。

わたしはこの言葉を、謙虚で公明正大な、覚悟の表明と受け止めました。実際、共産党は実現なった野党共闘の言い出しっぺとして、その責務を十全に果たしてきたと思います。２０１７年の衆議院選挙では、すべての選挙区に候補者を立てるという、まるで党是のようになっていた方針を変えて、多くの選挙区で他の野党候補の応援に回りました。

誠実な党員　党への逆風

山田厚史さんが立候補した千葉５区でも、この選挙のために地域でこつこつと活動を積み上げてきた共産党の立候補予定者が、立候補を取りやめました。そればかりか、そのベテラン党員は、選挙は初めての山田さんに代わって立候補に必要な山のような書類を作成し、集会の横断幕を達筆をふるって書いてくださいました。選挙カーが回るルートを選ぶのも、街頭演説の場に集まって盛り上げるのも、中心となったのは長年選挙運動をしてきた地元の党員の方々でした。市民と野党の共闘という清新な呼びかけに呼応して集まった、やる気はあるけれどなにをしたらいいのかさっぱりわからない市民ボランティアに、細々とした仕事のやり方を教えてくれたのも、選挙をよく知っている党員の方々でした。わたしも選挙事務所で、効率よくチラシに証紙を貼るやり方を教えていただきました。

こうした共産党員一人ひとりの誠実な献身には、ほんとうに頭が下がります。昨今問題になっている宗教団体の選挙ボランティアと違うのは、それぞれの人が自分で考え、自分がなにをしたいのか、なにをしているのかがわかっているということだと思います。それは、わたしの地元で党員の方々と接する中で常に感じることです。

野党共闘のおかげで、野党は勝ちはしないけれど負け込まない選挙をすることができてきたと思います。共産党はしかし、野党共闘だけが原因ではないでしょうが、明らかにこれも影響して、党勢をじりじりと後退させています。しかも、なんたることか、野党共闘は今や風前の灯です。これでは共産党が気の毒すぎる、立憲民主党はいったい何を考えているのだろう、市民は共産党を入れた野党共闘を支持しているということを忘れてしまったのだろうかと、天を仰ぎたくなります。

１９８１年に革新懇が発足したのは、それまで共産党と協調していた社会党が公明党に接近し、共産党との関係を見直す方向に変わったからでした。それを受けて、共産党は、新たな革新勢力を糾合しようと、市民と党からなる運動体を立ち上げたのです。それと似たようなことが今、起こっています。野党第一党が組もうとする相手が共産党の排除を求める、ということが。

存在意義と成熟

いつまでたってもそこここに〝共産党アレルギー〟と呼ばれる症状が見られることが、野党共闘を危うくしている一因でしょう。これはなんとしたことでしょう。国会中継を見れば、共産党議員の力量が際立って高いことは誰の目にも明らかだと思うのは、わたしの贔屓目でしょうか。あの情報収集力、分析力、追求力を欠いた国会など、気の抜けたビール、山椒のかかってない鰻の蒲焼きみたいなものです。

英語のコントロールは「調整」という意味ですが、もとはコントラ「対抗する」とロール「役割」の合成語だそうです。つまり、対抗する役割がコントロールです。異を唱え、欠陥を衝く勢力があって初めて、総体が適切にコントロールされ、間違いを最小限にとどめることも可能になるのです。コントローラー不在の議会、コントローラーを排除した野党連合は、夜郎自大に弛緩した脆弱なものになり、迷走するほかありません。親戚には一人や二人の共産党員がいるものだ、と言った田中角栄、共産党の主張は無視しておいて2、3年後に自党の方針に取り入れる、とうそぶいた昔の自民党の政治家は、今思えばコントローラーを接遇する知恵を持っていたのかもしれません。

なのに、共産党と聞いただけで反発する。そういう人びとのかなりの部分は、自身が体験したことではなく、周辺で語り継がれる過去のいきさつに思考を固定されているのではないでしょうか。連合の会長などを見ていると、そんな推測をしたくなります。わたしは昔のことは知りません。そして、今現在の共産党を見るべきだと考える者です。

確かに共産党は、日米関係の軍事同盟的な部分は見直すべきだ、自衛隊の運営や未来像は今のままでいいのか疑問だ、天皇制は「国民の総意」を問う時期が来るはずだ、と考えていると、わたしは受け止めています。けれど、それは長いスパンの目標であって、今すぐどうこうするということではない、とも理解しています。めざす山頂は変わらなくても、天候や装備、メンバーの状態によってその都度コースを再考する山登りのように、共産党は柔軟に方針を調整してきたと見ています。

とくに自衛隊について、近年、立っている者は親でも使え的な考え方を示したことは、びっくりすると同時にそのリアリズムに感じ入りました。天皇制については、かつて天皇家、中でも愛子内親王に寄せる熱烈な思いを語る共産党員のグループに出会って、共産党員たる者これでいいのかと、その自由奔放な心情の発露に正直面食らいましたが、そういう人びとが党員の中にすらいることを、党の方針を検討する人びとが知らないはずがないと思います。

頭の痛いこと

言うまでもなく、共産党も人間の集まりです。当然、すったもんだもあるでしょう。間違いも犯すでしょう。最近、残念だったのは、東京の板橋区がナノ銀除染というニセ科学に引っかかって、不明朗なお金の流れが生じていることを指摘した共産党区議が、あろうことか党内から批判され、党を離れてしまったことです。党内で問題となり、調査が行われていたとき、「まだ赤旗は配っているんですよ」と言った区議の悲しそうな笑顔が忘れられません。なぜそんなことになってしまったのか、理解に苦しみますが、科学の党を標榜するなら、こうしたオカルト的な詐欺事件（と、わたしは断言します）にもしっかりとした見識を持って対応してほしいものだ、と思いました。

それにしても、共産党は損をしていると思います。共産主義イコール全体主義、権威主義ではないのに、かつてそして今も共産主義や社会主義を掲げる国家が全体主義的で権威主義的なことから、その類推で日本の共産党もそうした息苦しい社会をめざしているのだろう、と短絡的に考えられてしまうのでしょうか。多様性を認めず、家父長的な権威主義をよしとする傾向は、むしろ共産党を敵視する側に強いということが、昨今の統一教会問題で誰の目にもはっきりしたのなら、この一連の不幸な出来事の思わぬこぼれ幸いと言うべきでしょう。

つい先日も、共産党はとばっちりを食らいました。２０２２年10月22日の中国共産党大会閉会式で、胡錦濤前総書記が腕をとられて退席するというハプニングが、動画で全世界に配信されました。この映像は、胡氏自身や彼に連なる人びとが失脚したことと相俟って、さまざまな憶測を呼んでいます。中国は習近平の独裁国家だ、やっぱり中国は怖い、共産党は怖いという連想が、日本の共産党だって同じだというところに行き着いてしまうのです。

胡氏の退席についての情報が限られていること、それ以前に中国の政治決定の過程が他国と較べて見えにくいことが、中国をなにか得体の知れないものにしているのでしょう。中国共産党と日本共産党が、考え方も組織形態もまったく異なることは言うまでもありません。が、しかし、忙しくて政治にそれほど関心のない人は、共産党は怖い、で思考停止してしまっているのではないでしょうか。
この思い込みを手放してもらうのは、並大抵のことではありません。説明の言葉は、なんとなく習慣づけられた思考回路を変えるには、あまり効果的ではありません。

100年目の希望

2021年の11月、立憲民主党が代表選挙を行いました。自民党の総裁選ほどではなかったにせよ、記者会見やメディア出演、公開討論会や演説会などを重ね、それなりに注目を集めました。候補者それぞれの言葉に耳を傾け、政策や人柄や経歴を知るのは、興味深い経験でした。でも、わたしは少し物足りなくも感じました。そして思ったのです、もしも共産党が代表選挙をこうしたオープンな、わたしたち党外の者にも見えるかたちでやってくれたらどんなにゴージャスだろう、と。政治家としての能力が高くて魅力的な人がこんなにたくさんいるのだから、と。そして、そんな政治イベントを繰り広げたら、きっと共産党の人気は急上昇するだろう、と。

共産党が、党内で民主主義のルールに則って代表を選んでいることは、もちろん承知しています。代表選びに限らず、内部ではことあるごとに喧喧諤諤の議論が繰り広げられているらしいことも、漏れ伝わってきます。なあなあで事が運ぶような文化を、この党は最初から持っていない。

けれど、それが外からは見えにくい。もとより組織には組織のやり方があり、外部の人間が口を挟む筋合いのものではありません。しかし、いまだに共産党はなんだか怖い、閉鎖的だ、という印象を持つ人びとがいることを、そんな誤解は心外だと片付けるのではなく、むしろ真正面から受け止め、共産党のほうから打って出て、そうした先入見を霧散させてしまう時期にさしかかっているのではないでしょうか。コントローラーを内包する組織であることを目に見えるかたちにする、今はチャンスなのではないでしょうか。

先日、「百年と希望」（西原孝至監督）というドキュメンタリー映画を観ました。今現在の共産党を生きる人びとを、至近距離から追った作品です。彼女彼らの実直さ、ふと漏れる弱音、そしてくじけない心。知り合いの党員のあの人この人と重ね合わせながら、感慨を深めました。

１００年の年輪を刻んできた共産党には、これからも政治の確かな心棒として立ち続けてほしい。そのためには、この心棒をひと回り太らせてほしい。この社会にまっとうさが復権する上で、共産党の働きに期待する向きは少なくないはずです。

媚びない孤高の姿勢は不滅の魅力

評論家、令和政治社会問題研究所所長
古谷　経衡

1　日本共産党と真正保守の類似性について

日本共産党が舌鋒鋭い野党勢力の一角として極めて重要であることは論を待ちません。私は大学生時代、部落解放同盟などに批判的な全解連（現在の全国地域人権運動総連合）を応援する意味で、衆参の比例代表ではほぼ必ず日本共産党に一票を投じていました。最近でも健全な野党勢力は議会制民主主義にあって絶対に必要であるとの考えから、比例代表で日本共産党に投票する行動をとる場合が少なくありません。また、しんぶん赤旗の調査能力は瞠目すべきものであり、特に在日米軍問題に関する調査報道では微に入り細に入り非常に参考にしています。

私は保守の立場で論壇に登場しました。このような立場の人間が比例代表で日本共産党を支持する場合があることは奇妙であるという印象を持たれるかもしれませんが、実際には保守層・保守派（差別的な右傾勢力とは異なるという私の立場から、私たちの考えについては以下、真正保守と呼びます）とも親和性が高いのです。まずソ連を「本当の社会主義国家ではない」という立場から批判し、千島の全島返還を強く求める姿勢は、愛国者として極めて同感です。

千島はヤルタ密約でソ連領とされましたが、言うまでもなくこれは連合国の勝手な都合であり、またソ連はサンフランシスコ講和条約に参加していないので、この取り決めが国際法的にも無効であることは明らかです。千島は交換条約（1875年）で日本領と決められたわが国固有の領土であることは自明です。日本共産党の領土主張は真正保守の世界観と極めて合致します。

また日本共産党の対米追従からの脱却という主張は、私たち真正保守の本心を代弁してくれています。日本は確かに誤った国策で侵略戦争を起こした結果、敗戦国になったのは事実です。戦後の占領は受忍しますが、いつまでも在日米軍が駐留して良いわけがありません。日本は独立した主権国家であり、日本の防衛は日本人が決定するべきです。にもかかわらず米軍が首都近郊や沖縄の祖先が開発した土地に居座り続けているという事実は、真正保守にとって屈辱です。

そもそもアメリカは、わが国に対する無差別空襲や二発の原子爆弾投下について一言も謝罪の言葉を公的に述べたことはありません。人道を無視した戦争犯罪について何の反省もないまま、アメリカは朝鮮戦争やベトナム戦争、アフガン戦争やイラク戦争などで戦争犯罪を繰り返しています。

かつてアメリカを「米鬼」と呼んだ日本の旧体制――戦後の保守層が、このことを不問にしてアメリカ万歳と言っている姿勢は端的に「恥」であり、本当に愛国者なのか疑います。トランプ、バイデン両大統領が羽田や関空といった正規のルートで入国せず、いきなり横田基地に乗りつける姿を「日米友好の象徴」などといって星条旗を振っている人々を、かつての大日本帝国軍人が見たらどう思うでしょうか。彼らは本当に日本を愛しているのでしょうか。

私には彼らの「愛国」はただのファッションのように見えます。星条旗を振ったその足で彼らは靖国神社に行き「英霊を顕彰」したりするのですから、自家撞着がはなはだしいのです。しかしその矛盾を彼らは自覚していません。現在における日本の保守層は対米追従に疑問を持たない堕落の象徴であり、真に自立した主権国家の国民ではありません。本当に情けない思いでいっぱいですが、保守層がすべて彼らで占められているとは思わないでいただきたいです。なかにはこのことに強い違和感と疑問を覚える真正保守も少なからずおります。

大空襲や原爆で殺された無辜の同胞に対し、戦後の無思慮な対米追従について、犠牲者に対し申し訳が無いとは思わないのか。顔向けできないのではないか。というのが真正保守の立場です。このような立場から私は日本共産党に共感するところが大きいのです。

2　日本共産党への誤解を放置すべきではない

しかしながら日本の保守層に限らないことですが、人々の少なくない部分は日本共産党について大きな誤解をしたままです。まず彼らはマルクスの『資本論』を読んでおりません。

巷間よく聞くのは、「日本共産党という党の名称自体が古臭い。もはや共産主義はソ連崩壊と共に敗北したのだから、日本共産党も党名を変えるべきだ」というものです。『資本論』を読んでいれば何の疑問も持たないはずです。なぜならソ連も、中国も、あるいは東欧諸国に樹立された共産衛星国なども、またキューバやユーゴスラビア、アルバニアなどですら、マルクスの唱えた共産主義の理想とは全く違った国家だからなのは釈迦に説法です。

マルクスは人類の発展段階として、原始共産制から始まり、奴隷制、封建制、資本制と進む中、生産力が亢進してくると社会の下部構造（経済等）が上部構造（政治体制等）を規定するとし、やがては成熟した資本制から社会主義、そして究極の完成型として共産主義が誕生するとしました。この考え方に基づくと、ソ連や中国はそもそも資本制の成熟期にすらないまま革命が発生したので、社会主義国家ですらありません。

こういった異形の国家は、皮肉の意味を込めてソ連型社会主義や中国型社会主義と呼ぶべきなのは自明であり、よってこの地球上にあって真の社会主義国家や共産主義国家は生まれていないのです。だからこそ日本共産党はその理想を求めるという意味で「共産党」を使用しているのは既知ですが、資本論に無知な人々はまるで日本共産党がソ連共産党や中国共産党の亜種だと誤解しています。日本共産党が幾らソ連や中国を「本当の共産主義でない」と否定しても、この誤解は大きく横たわっています。

この誤解を擁護するつもりはありませんが、ソ連の閉鎖社会、密告社会、監視社会のイメージが強すぎて共産主義＝失敗した国家体制というイメージがこびりついているのは仕方がない側面があります。私のような世代でも、ソ連と言ったら「悲惨、モノが無い、遅れている」という印象があります。とりわけ私は北海道出身ですから、ソ連崩壊以降の樺太における市民生活の窮状については縷々報道されたので記憶が鮮明です。

しかしソ連は真の共産国家ではなく、共産主義では自由・民主主義・人権が完全に保証され、その他の被搾取・差別が存在しない社会であるという本来の共産主義の理想形はもっと宣伝してよいように思います。日本共産党はもっとこの既知の事実を喧伝する努力をするべきではありませんか（現在そういった取り組みがゼロであると言っているわけではありません）。

資本論は確かに大著ですが、難解というほどではありません。廉価な文庫本が各社から出ています。無論、新日本出版が２０１９年から『新版　資本論』全12巻を刊行したことは知っています。また日本共産党が各地で『資本論』に関する講演会や勉強会をしていることも知っています。が、大きく大衆に向けて訴求しているかと言えばやや疑問が残ります。『新版　資本論』全12巻は値段が高いなと思うところが正直な感想です。

『資本論』を読まずに、日本共産党の理念を理解することはできないと考えます。廉価で『資本論』の理解を進める取り組み・宣伝をあらゆる角度でより一層進めることが必要であると思います。

またこういった人々は日本共産党の100年の歴史の概要すら無知で、所謂新左翼と日本共産党を混同している場合も見受けられます。党員や支持者にとっては説明する必要もありませんが、「あさま山荘事件」の映像を見て「共産党がやった」と誤解している人は少なくない数います。

重信房子氏の出所ニュースを聞いて「また共産党か」とつぶやく人々は二人、三人の規模ではありません。自民党の茂木敏充幹事長ですら「左翼過激団体は共産党と関係がある」などと2022年9月のNHK番組「日曜討論」で発言して問題になりました。

政治を少しでも齧った人であれば日本共産党支持者でなくても基礎知識ですが、政権与党の幹事長ですらこのレベルなのです（とは言え、このレベルの認識の人が公党の幹事長で本当にいいのでしょうか）。ひるがえって非政治家ではどうであるのか、推して知るべしではないですか。このような誤解に対しては訂正のための強力な努力がより一層求められます。いわれのない誹りについてはより大規模な正論での反論が必要だと思います。

3　より一層の宣伝を

宣伝は極めて重要であることは言うまでもありません。右傾化した保守派は依然として200万から250万票の力を持っています。2022年参院全国比例における日本共産党の約362万票の約60％です。決して無視することのできない勢力なので、政権与党を様々な角度から突き動かしています。

わが国の既存保守層は、1990年代において政治的に現在よりももっとマイノリティでした。日の丸や君が代に禁忌感が強かった当時、彼らの支持政党は自民党ではなく旧民社党系だったのです。彼らは宣伝を駆使しました。具体的には企業を利用した宣伝です。その筆頭がいまや日本最大級のホテルチェーンになったアパグループです。

石川県の弱小ホテルチェーンだったアパは、バブル崩壊後約30年の短期間で急成長しました。創業者の元谷氏は自分のホテルの客室に右傾的小冊子を必ず常備する手法を採り、そればかりでなくゼロ年代に入ると保守系の私塾「勝兵塾《しょうへいじゅく》」を主宰し、「真の近現代史懸賞論文大賞」などと銘打って既存保守層の拡大に「貢献」しました。

アパによる歴史修正的な冊子の存在は最近大きな問題になりましたが、他にもこのような手法は多く見られます。作家の竹田恒泰氏は、一般財団法人「竹田研究財団」を設立しましたが、その活動のひとつに「全国のホテルや旅館に古事記を置く」という運動があります。この結果、ふいに泊まったホテルでは簡易版ですが「古事記」を見る頻度が多くなりました。「神話を学ばない国は亡ぶ」と竹田氏は言います。「古事記」は創作でありフィクションに過ぎず、積極的に学ぶ必要性を感じませんが、目論みはともあれこの「古事記」運動は「成功」しているように思います。

逆を言えば日本共産党はなぜこのような宣伝を駆使しないのか、と思う次第でした。新日本出版の新書をホテルに常備して宣伝しようという経営者はいないのでしょうか。馬原鉄男先生の『部落解放運動の70年』はあらゆる階層にとって基礎知識であり、ホテルに常備すべき名著です（無論、それ以外にも名著はあります）。あるいは「科学的社会主義懸賞論文」などをなぜ実施しないのでしょうか。党が主催すれば問題ですが、支持者による民間企業や非営利団体での開催なら特段問題ではないでしょう。

ちなみに『真の近現代史懸賞論文大賞』はアパの外郭団体である「アパ日本再興財団」（一般財団法人）が主宰し、大賞に３００万円、優秀賞に30万円、佳作に10万円が贈呈されます。かつて私の知人にこの論文の大賞を受賞した人がいました。賞金を何に使ったのかと聞くと、「両親に旅行をプレゼントした」とのこと。間違った歴史観とはいえ、親孝行は立派なことですね。

既存の保守派がかつてやって「成功」した宣伝を、日本共産党は取り入れてもいいのではないですか。そして保守派のこのような宣伝は、ほぼすべてがインターネットの枠外で行われたものです。インターネット空間での伝播力は高いですが、ピンポイントでの訴求力を持ちません。ほとんどの人がユーチューブのCM動画をスキップするのがその証左です。インターネットは構造的にそこまでの力はありません。

インターネットの枠外で展開される宣伝こそ、実は最も効果が高いものではないでしょうか。もちろん、日本共産党が生活に即した地道な宣伝を怠っている、と言っているわけではありません。まだまだ余地が大きくある、と言っているだけです。

4　自衛隊問題についての建設的議論を

次に自衛隊についての見解ですが、日本共産党は「自衛隊は違憲」との基本的立場を崩していません。一方で2022年参院選に際して、志位委員長は「私たちが政権に参画する期間は、政権の憲法解釈としては当然、自衛隊は合憲という立場になる」と述べました。

憲法9条を素直に読めば、自衛隊は違憲以外の何物でもありません。米海軍に次ぐイージス艦保有数を誇る海上自衛隊は、これ以外にも極めて高い掃海能力を誇り、対潜哨戒機（P—3C等）の保有数は拡張著しい中国海軍よりも依然優位です。陸上自衛隊は最新の10（ヒトマル）式戦車を保有していますし、制空能力に特化しているとはいえ航空自衛隊もアジアの中では強大で以前では考えられなかった空中給油機を多数保有しています。

このような自衛隊を「戦力ではない」と言い張るのは無理があります。だからこそ私たち真正保守は、自衛隊の違憲状態を解消するため、憲法9条に自衛隊の存在を明記してこの戦後最大の矛盾である自衛隊問題を解決することを求める立場ですが、この議論については様々な見解があるのは承知しております。

憲法は国家権力を拘束するためのものですから、憲法9条の「国際紛争を解決する手段としては、永久にこれを放棄する」の部分を変える必要は無いと考えますが、ことに日本共産党は護憲の立場から「戦争をさせない」というフレーズを用います。監視を怠ると、国家権力はかつての大日本帝国のような侵略戦争をやりかねないのではないか。仮に公言しないとしても、右傾化した政治家の一部はそういった野心を秘めているのではないか。と疑うことは非常に重要です。

当然のことですが憲法9条が存在するにもかかわらず、自衛隊が米軍に追従して海外派兵の準備を行い、実質的には米軍の後方兵站機能を担っていることは、真正保守である私の立場であるからこそ憂慮しています。自衛隊は日本国民の生命・財産を守る存在であり、アメリカの利益を守るものではありません。

鹿児島県の馬毛島は第2の「ディエゴガルシア」になるのではないか。沖縄の在日米軍が固定化して、自衛隊が米軍の海外派兵に集団的自衛権を歪曲して追従するのではないか。こういった不安は常に拭い去れないことは事実です。

しかし「国権の発動たる戦争」を今の時代になって、全面的に肯定する国民はマイノリティです。2022年2月24日に始まったロシアのウクライナ侵攻で、極東からも部隊が引き抜かれたことから、「北方領土を武力奪還せよ」という声が一部の過激な保守層から沸き起こりましたが、基本的に彼らは保守層の主流からも馬鹿だと思われています。国後や択捉に強襲上陸して占領を維持する能力は現在の日本に無いどころか、核保有国を相手に無謀な戦争を仕掛けるメリットはどこにもありません。

仮に一部の右傾政治家が内心で戦争を望んでいるとしても、国民の大多数、そして保守層からも「戦争で領土を取り返す」という発想が支持され、実現されるとは思いません。よって「戦争をさせない」というフレーズの理念は分かりますが、多くの国民には共感を呼ばないのではありませんか。

「戦争になったら逃げる」ということを公言する人は未だに少なくありません。概ね5年ごとに行われる国際的な「世界価値観調査」でも、「戦争になったら国のために戦うか」と答えた成人は日本が最も少なく約13%足らずです。「分からない」と答えた成人は他のどの調査国より大きく約4割になっています。戦争になったらどうしたらよいかということ自体、想像することができない人が多いのです。

要するに日本国民には「非戦」の精神が身についています。これは憲法9条の理念が人々に根を張っているというよりは、日本国民の多くが利己的で、共同体意識が低いからではないでしょうか。このような国民性を持つ日本人に、「戦争をさせない」と訴えてもあまり訴求しないのではありませんか。戦争をする・しない以前に、共同体の維持や防衛について何の意見も持っていないのですから、国権の発動を以て戦争状態に突入することも、それを支持する世論も形成されることはまずありえないと思われます。

それでも、一部の右傾的政治家は自衛隊の海外派兵や戦時活用について策謀を行っているかもしれませんが、それを真っ先に公約に掲げれば危険人物として有権者から離反されるのは目に見えています。彼らは次の選挙でいかに当選するかに汲々としており、当然主権者である国民はこのような野心を持った政治家が当選しても、その野心が実現できないように常に監視をする必要があります。国家が戦争をすることは、現代のわが国にとってあまりにもハードルが高く、全く実勢から乖離しています。その証拠に北方領土も竹島問題も、武力によって解決しておりません。

私たち真正保守は、憲法9条の合憲・違憲議論は置いておくとしても、まず現行憲法の枠内での自衛隊の増強を訴えてきました。なぜなら在日米軍を追い出すことを最終目的にしているからです。先祖の土地を蹂躙され、国土に他国軍が駐留するわが国の現状は、到底独立国とは呼べません。そのためには、在日米軍に代わって自衛隊がその防衛力を代替するべきであるというのが理由です。

横田空域をはじめとするわが国の空も、少なくない部分が米軍に独占されています。在日米軍を追い出さない限り、わが国の対米追従のピリオドは無く、敗戦状態は永続したままです。モデルケースとしてはフィリピンですが、私たちが理想とする自衛隊は、国連決議に関わらず、一切の海外派兵を禁止し、わが国の領土・領海・領空を防衛するのみに徹する文字通りの専守防衛です。

他国から派兵要請があっても拒否し、艦船の寄港要求も、航空機の基地利用要求も拒否します。日米安保条約は発展的に解消し、新しい対等な形での日米友好条約を締結すべきです（この趣旨は日本共産党と大差ありません）。重武装中立こそが戦争の惨禍を嫌というほど経験したわが国の採るべき方針ではないでしょうか。

日本共産党は軍拡を明確に否定しています。古今東西の歴史を考えても、軍拡は常に大資本と結託していますので、自衛隊増強という私の主張には抵抗があるとしたら無理のないことです。しかしながら、軍事的優越が侵略戦争を必ず生むかと言えば、そうでは無い場合も多くあります。ヒトラー率いるナチドイツは、1940年5月にパリを占領しフランスを屈服させますが、マジノ線に展開するフランス軍の装備はドイツ軍よりも優秀な場合もあり、兵力もドイツ軍に引けを取るものではありませんでした。

にもかかわらずヒトラーがフランス侵攻を決意したのは、グデーリアンが電撃戦を考案したからです。ナチドイツの侵略は軍の肥大化ではなく、戦術・用兵の革新によって引き起こされたとも言えます。さらに1941年6月になるとヒトラーはソ連を侵略する「バルバロッサ」を発動しますが、当時既にドイツ軍の戦車はソ連のT―34よりも貫徹やサスペンション性能で大きく劣るもので、動員兵力もソ連に対して劣後していました。相対的に劣った軍備を持つ国ですら侵略を実行したのです。そもそも、太平洋戦争開戦当時の日本軍がアメリカ軍に対していかにお粗末だったかは言うまでもありません。

私が何を言いたいのかといえば、重武装＝侵略の開始ではないということです。よってわが国で重武装が達成されても日本が再び侵略戦争をすることを意味するものでは必ずしもない、ということです。何よりもまず在日米軍を国土から追い出さなければなりません。わが国を守るのはわが国の実力組織でなければなりません。そのためには強い自衛隊という選択肢もあるのではありませんか。

日本共産党はこのような防衛方針について、結論として否であっても当然何の問題もありませんが、より広範な党内議論があっても良いのではないかと思います。

5　日本共産党党員や支持者の高齢化について

次に若者の日本共産党への支持についてです。日本共産党の党員が高齢化していることは巷間報道されています。よって日本共産党は若者・青年層（おおむね18～39歳前後）への取り込みを活発に行っています。しかし日本共産党だけがその党員や支持者において高齢化している、とされている場合がありますが事実とは違います。まず日本人全体が少子化によって高齢化しており、日本人の平均年齢は約48歳です。前述したフィリピン国民の平均年齢は26歳です。

少子高齢化は先進国共通の課題で、わが国固有の問題ではありません。また国際的に見ても、国政選挙（大統領選挙や議会選挙）に於いて、青年層の投票率はシニア層に比べてどの国でも低いのです。人間は加齢とともに政治的イシューについて敏感になるので、日本共産党だけが高齢化しているわけではなく、あらゆる党の党員や支持者は高齢化しているのです。

保守層も全く同じようにこの高齢化問題に悩まされています。私は20代で保守界隈にて頭角を現しましたが、極めて例外です。何かと話題になる『WiLL』『Hanada』の読者の主力は60代です。『正論』はもっと高く70代とされています。右派系市民団体の集会では45歳でも「若手」と言われます。50代でようやく「二ツ目」、60代で辛うじて「真打」と言ったところでしょうか。

私は保守派の筆頭言論人である櫻井よしこさんのディナーショーに参加したことがありますが、95％は70・80代かそれ以上です。日本共産党だけが高齢化しているというのは間違いであり、あらゆる組織は高齢化に悩んでいるので、そこまで大きく問題にする必要はありません。

それでも若者・青年層からの支持や参加者が少ないと、「自分たちの主張は時代遅れになっているのではないか」と危機感を覚えるのは人間の性《さが》としてむべなるかなでしょう。だからと言って闇雲に若者へ接近することは賢明な姿勢とは言えません。かつて保守派はこれで大きな失敗をしました。いかに若者を取り込むべきかという課題を優先するあまり、質の悪い支持者が部分的に増えてしまいました。

具体的には、30代後半から40代くらいの差別主義者が保守層に加わってくるようになったのです。相対的に若いがゆえに彼らは確固とした信念を形成する経験値が足りない場合が多く、その結果、彼らが保守界隈に少なくない影響を与えるエコーチェンバー（SNSなどでの差別発言の拡散装置）になったのです。もうお気づきでしょう。彼らがのちの「ネット右翼」です。

無論、日本共産党を新規に支持するようになる若者・青年層に差別主義者はいないでしょう。しかし無理をしてまで、党の多くのリソースを割いてまで彼らを取り込む努力をする必要は無いと考えます。とりわけインターネットを利用した宣伝は費用のわりに大きな効果を発揮しません。

現在20歳の人が40年経って60歳になれば知見が広がり、教養も厚くなって日本共産党を支持するようになる人も増えるのではありませんか。政治的・社会的関心は加齢とともに比例します。時間が経てば解決しますので、若者・青年層からの支持が少ないように見えるからと言って、短期的に悲観する必要は全くありません。

保守派はこの努力に大きなリソースを割いてしまいました。保守系市民団体の既存会員が、あの手この手で若者を取り組もうと運動方針を改革しようとしました。冬に集会をすると、通行人に無料で豚汁を配布したりしました。若者に少しでも訴求しようと、渋谷や六本木のスクランブル交差点の横で街頭演説を頻発したりしました。しかし渋谷や六本木を闊歩するような若者は、そもそも目的が友達との待ち合わせ、飲食や買い物であり、ターゲットを間違えたのです。また素人の作った豚汁は当然吉野家にかないません。その結果、残ったのは質の悪いユーザーや、教養が十分でない政治系ユーチューバーで、それですら後年内紛を繰り返して四散しました。

重要なのは若者にいかに訴求するかという運動手法ではなく、いかに正しい主張を根気強く、インターネットの枠外の領域において継続するかということではないでしょうか。ウェーバーは『職業としての政治』の中で、「政治とは情熱と判断力の2つを駆使しながら、堅い板に力を込めてじわっじわっと穴をくり貫いていく作業である」と述べています。その通りだと思います。日本共産党が正しい主張をこの先も継続していけば、いま振り向かない若者でも、加齢すれば必ず共感してくれます。重要なことは正論を言い続けることです。

もちろん、日本共産党が過度に若者への取り組みに躍起になっているとは言いません。しかし各種国政選挙の出口調査で、18・19歳、20代・30代からの支持がいまひとつという結果を見るに、落胆する日本共産党支持者の人々を少なからず見ます。落胆する必要はありません。

6 「世の中に、正しいことくらい強いものはありません」

「世の中に、正しいことくらい強いものはありません」。ご存じのように戦後すぐ副読本として使用された『新しい憲法のはなし』の一節です。日本共産党は正しい主張をしているのですから、決して卑屈になったり現状を憂う必要はありません。日本共産党の強みは、どんな逆境にあっても、決して理想を曲げない不屈の意志ではありませんか。

宮本顕治氏が獄中で激しい拷問に遭っても、決して転向しなかった事実は、私たち真正保守とは立場が必ずしも一致しないまでも、私は極めて尊敬しており、勇気をもらっています。

結党100年を迎えた日本共産党にあって、いわゆる「民主集中制」についての議論など、党内での論争の余地はあるかもしれませんが、党首を公選するかしないかが日本共産党の魅力を極端に損わせているとは思いません。日本共産党の権力や大資本に媚びない姿勢こそが不滅の魅力を放っていることは事実だからです。

ただし、近い将来において党首公選を行った方が支持は伸びると思います。ですが、それが本質ではないと思います。政党の本質とは正しいことを言い続けているかどうか、その一点にあると思います。逆に言えば現在、党首公選を行っている政党が、真に労働者の声を代弁しているかどうかは甚だ疑問ではありませんか。党首公選がイコール民主社会に適当な政党である必須要件では必ずしもありません。党首公選は副次的なものであり、十分な時間をかけて決定すればいいのではないでしょうか。

日本共産党はどうか冷笑系に負けないでいただきたいと思います（もっとも、全く負けていませんが）。冷笑系とはネットスラングですが、その意味するところは「反権力などの姿勢を小ばかにし、見下し、反権力はもはや時代遅れである」などとする態度を鮮明にする人々のことです。彼らは野党勢力をこの論法で「時代遅れ」と唾棄し、当然その中には日本共産党がやり玉に挙げられています。

冷笑系は中立をエクスキューズしながら、根本的には権力の追従者です。弱者や差別に苦しむ人々を「自己責任である」と突き放つ人々もこの冷笑系に多いのです。丸山眞男の言う日本型ファシズムを支えた「中間階級第一類」の人々と類似します。

全ての事象を相対化し、中立です、ニュートラルですと顕名しますが、結果的には権力の微温的支持者になっている彼ら冷笑系は、テレビコメンテーターや言論人の中にも瀰漫しています。私からすれば、彼らは信念なき単なる保身者です。彼らは政権与党を間接的に擁護することで何か大きな利益を手にしているというよりは、自分とは意見の違う、でいて国会での少数野党を馬鹿にすることに快感を覚え、特にネットユーザーからの承認に飢えている哀れな人々です。

5年、10年は勢力を維持しますが、それ以上はメディアに消費される存在であるだけに忘れられる運命で、よもや後世の歴史には残りません。このような冷笑系はテンプレートのように日本共産党を揶揄しますが、これまでもそうだったように、これからも事実を以て粛々と反論すべきで、それはさらに拡大して「執拗に」大々的な規模で展開されるべきです。なぜなら繰り返しますように、多くの国民は無知を根本とした無理解がゆえに日本共産党の理念を正確に理解していないからです。

7　民主連合政府構想と野党共闘の展望について

最後に、日本共産党が掲げる民主連合政府についてです。この構想の一環としてこれまでの野党共闘があったわけですが、２０２１年衆院選、22年参院選での議席の伸びが弱いとして、特に立憲民主党は日本共産党との共闘路線を修正する見解を時折しめすなど、煮え切らないかに見える言動が散見されます。21年11月に立憲民主党の党首に選出された泉健太氏は、「立民は批判ばかりではない政党でありたい」などと抱負を述べました。「野党は批判ばかり」というインターネットの右傾ユーザーの批判をまともに解釈した結果だと思いますが、野党が政権与党を批判し続けることの何が悪いのか、私には良く分かりません。

昨今の立憲民主党はインターネットの右傾ユーザーからの批判に安易に動揺しているように思えます。民進党時代ではありますが、蓮舫党首（当時）は右傾メディアから「二重国籍疑惑」が報じられ、ネット上の差別的放言に耐えかねたのか、２０１７年7月に「台湾との二重戸籍ではない」ことを証明するために戸籍の一部を公表しました。「台湾戸籍でない」という敢えての表明自体が封建的制度の残滓である戸籍制度を肯定し、かつ差別言動をも肯定するものでり、極めて反知性的な行為です。

このような事例からも、私は立憲民主党が本当に野党共闘に値する政党なのか疑問です。立憲民主党の最大の支持基盤のひとつである連合は、政権に迎合する姿勢を強め、大資本に利益を誘導する存在となってはいませんか。連合は労働者の代弁者とは程遠い姿になってはいませんか。私は連合には何の期待も持っていませんし、何の希望も見出せません。権力に従順な労働組合に果たして存在意義があるのかすら疑問です。私は現状を肯定する連合を支持母体とする政党を支持する気にはなれません。

れいわ新選組、社会民主党などとの共闘には大きく賛成ですが立憲民主党は本当に大丈夫ですか。仮にですが選挙で立憲民主党と共闘をしない場合はどうでしょうか。細川連立政権や「オリーブの木」構想が出た小沢民主党の時代とは状況が異なります。日本共産党以外の野党が議席を伸ばすも、過半数に一歩足りないとなれば必然的に連立政権への秋波が来ざるを得ない、と思うのは些か楽観に過ぎるのでしょうか。

言葉はどうかと思いますが、私は日本共産党のそういった「アウトロー」な姿勢が大好きです。ちなみにアウトローを辞典で引くと、「社会秩序からはみだした者。無法者」と出ます。しかしこの説明はあまりにも原義に忠実であり杓子定規的で、現代日本社会のとりわけサブカル文脈において、「アウトロー」という言葉は「孤高」と極めてよく似た意味で使用されることが多いのです。

「孤独」ではなく「孤高」です。何にも媚びず自由でいて明確な意思を持った存在、それが「孤高」です。強きをくじき、弱きを助ける独立した存在、それが「孤高」です。だから私は「アウトロー」を「孤高」という文脈の中で使っています。

そしてなにより、世の中に、正しいことを言うアウトローくらい強いものはありません。

多様な議論を受け入れ世代交代・ジェンダー平等を

ジャーナリスト、ポリタス編集長　津田 大介

1　中学時代の赤旗との出会い

父親は学生時代に社青同（社会主義青年同盟）からオルグされて活動家になったあと、労働組合の専従などを経て、社会党左派の親分で副委員長も務めた高沢寅男さんの私設秘書をしていました。父親は社会党員でしたから、自分が子どもの頃は共産党員の人はあまり近くにはいませんでしたね。

自分が子どもの頃に覚えている原風景は、労働運動でした。小学校の友達の家に遊びに行くと、たいていは普通の会社員の家庭ですから、「お父さんは何の仕事をしているの？」と聞かれても、うまく答えられない。自分自身も労働組合の専従が何をやるのかなんてわかってなかったですから。ただ、子どもの頃には、家にやたらいろいろな人が来るなという覚えはありました。会社とか勤めている場所は同じではなくても、労働運動のつながりでいろんな人が来て楽しそうにお酒を飲みながらずっと話して議論している。そういう光景を、横目で見て楽しそうだなと思った記憶があります。

ただ、父親は子どもに思想教育みたいなことはしなかったです。というか、それ以前にあまり家にいなかった。たぶん活動が忙しかったので、だいたい夜は誰かと飲みに行くとか、いろんな活動をしていて、一時期は深夜になるまで毎日帰ってこないことが結構長く続いていたので、自分の家が普通の家庭ではないことはなんとなく分かっていました。そんな家庭で中学生くらいまでは、普通の子どもとして育ちました。

中学校に入ると、それなりに自意識や自我が目覚めはじめて、そうすると自然と社会問題に対して興味が沸いてくるわけです。それは父親というよりも、メディアの影響が大きかった。ちょうど私が中学生の時に「朝まで生テレビ」が始まりました。「朝まで生テレビ」を観た時に、「なんだこれは」と衝撃を受けた。社会にはいろんな問題があるし、真剣に議論している人がいることを知りました。テレビがすごく元気があった時代ですから、面白かったです。

そういうのを観ているうちに、家に新聞が毎日あるから、新聞を読み始めました。朝日新聞や毎日新聞、社会党の機関紙の社会新報、途中から共産党の機関紙の赤旗（現「しんぶん赤旗」、以下「赤旗」）も毎日配達されていました。

新聞を何となく読むようになった中学2年生か3年生――社会のことに興味を持ち始めた時に、中学生にとっては赤旗がめちゃくちゃ読みやすかったんですよね。普通の新聞は、起きていることを客観的で中立公正に、ある種突き放して書いているのに、赤旗は記事中に明確な価値判断があり、「これはおかしい」みたいなことを書いている。同じ新聞の体裁でも全然違うのだなと見ていた記憶があります。

中学3年生くらいから、文章を書くことが好きになり始めました。書くことは子どもの頃から好きでも得意でもなかったんですが、なんかでコツを得たのか、文章はこう書けばいいのかみたいなのをなんとなくつかんで、書いた文書が学校から評価されて、学年中に自分の書いた文章が回覧されるという経験があった時に、これはうれしいなと感じました。それが今の仕事に就きたいなと思った最初の原点でした。

高校は地元の都立北園高校に入学しました。大学のように非常に自由な校風で、昔は学園紛争でも注目された高校です。高校に入ったら音楽やバンドに興味があったので音楽の部活に入ったのですが、いろいろな部活を掛け持ちしていました。新歓の時期にたまたま廊下を歩いていたら新聞部の先輩から声をかけられて、「ぜんぜん新聞部に入部してくれない。このままだと廃部になるから入ってくれないか」と頼まれて、なかばそれにほだされて入ってしまったのですが、中学の頃から文章を書くのに興味があり、赤旗も含むいろんな新聞を読んで社会の問題に興味関心を持っていたから、自分で何か文章を書いて新聞を作るというのも面白そうだなと思って入部しました。

実際に新聞を作りはじめてからは、すごく楽しかったです。楽しかったし、いろんなことを考えるようになり、自然と父親と政治の話をするようになりました。

2　社会党員の父親との共産党について会話

私が高校に入学したのが1989年で、ちょうど土井たか子さんのマドンナ旋風があり、社会党に一番元気があった時ですね。自分も社会問題に目覚めた時期だったので、ある日父親と共産党の話をしたことはありました。「なんかニュースで伝えられる社会党の主張より共産党の赤旗で書いてあることの方が良いこと言っていない？」と聞いた時には、父親から否定的な返事が返ってきました。「共産党っていうのはあまり異論を認めないし、自分たちだけが正しいという独善的なところがあるので、自分はやっぱりなじめない」というような言い方をしていたように思います。

たぶん共産党の組織のあり方、分派を認めない民主集中制への違和感があったんでしょうね。父親はずっと労働運動畑の人だったので、労働運動の現場では社会党と共産党でいろんな路線対立が根強くあって、その経験も大きかったのだと思います。

父はまだ健在で、昨年の衆院選直前に父親と野党共闘の話をしました。これだけ自民党一強が続いているのだから、連合が共産党に対してアレルギーあるとか言ってる場合じゃないでしょと。共産党だってだいぶ路線を柔軟にしてきているわけだし、労働運動の側が自民党政権に対してある程度ちゃんと対抗勢力を作っていくのだったら、連合も共産党と妥協して一緒にやっていくべきではと、私は問いました。

しかし、父親は「うーん、それは難しいだろうな」と。現場ごと、地方自治体によって野党共闘や共産党と立憲、社民系がある程度連携してやれているところはあるけれども、それまでの対立の経緯から全然うまくいかない地域もあって、かつての労働運動で生じた軋轢みたいなものがいまだに労働運動自体の中にすごく残っているから、うまくいかないのは当然のことだよと話をしていました。これは自分の中でとても印象に残った話ですね。

3　SNSを活用した赤旗の調査報道

赤旗は貴重な媒体だと思っています。なぜかというと、やはり調査報道をきっちりやっているからです。メディア報道の中で一番重要なのは調査報道であることは論を俟たないですが、調査報道はお金もかかるしマンパワーも必要で、それ自体が読者数をすぐに伸ばすわけではない。今風の言葉で言えば「コスパが悪い」わけです。

特に大新聞や民放はインターネットの台頭によって自分たちの読者やビジネス環境が侵食されてきていて、そうすると調査報道こそがマスメディアの重要な要素であるにもかかわらず、コスト面の理由から調査報道を削減せざるをえなくなってきています。でもそうすると、何のために新聞を取っているのかと、新聞の価値を認めている人ほど新聞離れが進んでいく現象が起きるんですよね。これは深刻な悪循環で、大手新聞社と同じ問題を赤旗も抱えているわけです。全盛期に比べれば赤旗も部数が減っていて、年々発行の継続が厳しくなってきているように見えます。

自分の専門の話で言えば、メディアやジャーナリズムは、ネットの台頭により大きく形を変えています。メディアが変わってきている中で、SNS（ソーシャル・ネットワーク・システム）などネットをうまく報道に取り込んだ新しい調査報道を構築していく必要がある。ジャーナリズム側がデジタルにどれだけ対応できるのかということがすごく問われてきたのが、この10年ぐらいの話です。

この点で言えば、赤旗は意識的にSNSを調査報道に組み込むことをやっているように見えます。というのも、一人の記者を特定の問題の専従として2年くらいずっと張り付けることはコスト的にできなくても、情報公開請求をしたり、あるいはネットをくまなく見たりすることで、コスパの良い調査報道を実現できているように思います。

統一教会問題もそうですし、あるいは「桜を見る会」のスクープ、日本学術会議の問題も最初は赤旗の報道からです。学術会議の委員任命拒否の問題が明らかになったのは、拒否された当事者の松宮孝明・立命館大学教授がフェイスブックに書いたことがきっかけでした。当然、松宮さんとつながっていた大手新聞の記者もいたでしょうから、それをチェックしていればすぐに記事にできたはずなんです。赤旗だけが、これは大きな問題であるという問題意識を記者が持てていたから、きちんと追加の取材をして即座に記事にできたわけです。

ウクライナ戦争の貴重な情報源になっているように、ツイッターの集合知なしにいまの報道は成り立ちません。ネットにはいろんな情報がどんどん出てきますし、それらの情報をつなぎ合わせて文脈をつくることが重要。さらにはネットには出てこない部分は、これまでの報道機関のノウハウでネットだけでは足りないところを補完していくことで、かつての調査報道より安く同じような効果を出せるようになってきています。もちろん僕が指摘するまでもなく、こうしたことは各新聞社も考えていることなんでしょうが、それでも多くのスクープを赤旗に抜かれてしまっている。それはなぜか？　赤旗が抜きんでているのは、２０１３年にインターネット選挙が解禁された後に、共産党がＳＮＳでの発信に活路を見出していったこととパラレルに起きていることではないかと思います。

実際、赤旗はツイッターの使い方もうまいですよね。スクープがあると、他のメディアは自分たちのスクープこそ当日までなるべく隠しておきたいという感じで、自分たちのものだと思いがちです。しかし、赤旗日曜版のスクープは水曜日くらいにかなり早く予告を先に出し、期待感をあおり、購読につなげようとしている。バズフィードやハフポストなど外資系のネットのメディアだったら当たり前のようにやっていることを赤旗もやっているのです。

4　調査報道の拡散について

ＳＮＳで話題になる記事の内容って、記事全体が読めるスクリーンショットが拡散することも多いですが、あれってたいていの場合は著作権的には無断転載です。優れた調査報道に対して合法的にお金払って広めたい人は結構多いはずだと思うんですが、現実はリンクする以外に合法的に記事単位でシェアできる仕組みがない。これが一番の問題だと思っています。

赤旗の記事でも、スクープで広めてほしい時に全部無料で出すのも大事だけれど、そうではなくて結構長めの大きなスクープであれば一部を見せるのではなくて全部流してもいいように、シェア権付販売、記事の単品販売をやるといいと思っています。

具体的には、ホームページのサイトに載せた記事を１００円とか２００円でＰＤＦとして購入できるようにする。シェア権付なら1記事３００円とか高くしていいでしょう。電子すかしを入れておいて、「この記事はシェア権付で買われました」という形でやる。真面目な人ほど著作権を気にして広められないところがるので、話題になっているスクープがあった時に、合法的にシェアできる仕組みを用意する。あるいは無料で広めたい記事もクリエイティブ・コモンズライセンスを付けて広めてくださいというメッセージ込みで広めることも重要です。そういうメリハリを付けて調査報道を出していくのが大事です。

5　イメージと実態の乖離を埋める打ち出し方を

共産党の課題としては、党のイメージの打ち出し方の問題があるんじゃないでしょうか。100年の党の歴史の中でいろんなことがあって、実は一般的に思われている以上にすごく微調整というか、綱領上も政策的な変更をそれなりの頻度で繰り返して今に至っているのに、そのことを対外的に大きく打ち出していない。そうであるがゆえに、たぶん共産党の人たちが持っている自己イメージと、外から見た共産党のイメージの乖離が大きいと思うのです。

例えば、共産党は赤旗では「日本共産党」と言うのですと、自分たちのことを略して共産党とは言いません。なぜかというと、旧ソ連や中国の共産党とは違うことを明確に打ち出しているからです。日本の共産党がかつての大国主義的な形でアフガンに侵攻したソ連共産党を批判したり、天安門事件が起きた時には中国共産党を批判したりしたことを、多くの人は知りません。

もちろん共産党の人からしたらそういう歴史を隠している意識はないでしょうし、折に触れ示してはいるんでしょうが、積極的に自分たちが変わってきたことをアピールしているように外からは見えない。２０１７年に読売新聞社と早稲田大学現代政治経済研究所が共同で行った調査結果によれば、40代以下は自民党と日本維新の会を「リベラル」な政党だと捉えており、共産党や公明党を「保守的」な政党だと捉えているそうです。この調査結果が示すように、共産党はずっと変わっていない党であると、とりわけ若い人にはそういうイメージになっているんじゃないでしょうか。

だから、若い人に共産党の有り様を認知してもらうために、言い方を変えていく必要がある。今で言えばアメリカの「ウォーク」、日本で言うと「意識高い系」みたいに揶揄されたりしますけど、常にアップデートを繰り返してきた政党なんだと打ち出していくのはどうでしょうか。我々は時代に合わせてきて理想は掲げるけれど現実に即して柔軟に対応してきたし、今後もそうしていく党なのですと、自己批判も込みでアピールする。

共産党の綱領は、最左派の人からも現実路線の人からも、どっちの人からも許容されるような……どっちともとれるようにしていると思うのですが、それってある種の知恵ですよね。しかし、どっちともとれるような綱領にしているからなのか、ある種のうしろめたさみたいなのもあるためなのか、そこをアピールもしているようにも見えない。数十年前までは自衛隊はそもそも憲法違反でいらないし、日米安保だっていらないんだと言っていましたよね。当時と比べるといまのスタンスは、だいぶ転換しているはずなんですが、対外的あるいは古くからの党員にはあまり強くアピールしていないように見える。

6　民主集中制をどうするか　①世代交代

こうしたこと以上にネックになっていくのは、民主集中制的な組織構造をいまだ堅持しているところをどう捉えるかです。党内の統治機構のあり方もかつてと比べればだいぶ柔軟になってきているのでしょうが、この組織体制を今後も維持していくのかという根本の問題は放置されているようにも思えます。

とはいえ、党首を公選制にすれば、党の体制が全部変わるかというと、それも違う。

共産党が近年力を入れているジェンダー平等であったり、あるいは気候変動対策という新しいイシューで、共産党に関心を持って支持している若い世代も出てきているわけです。私の知っている若い友人たちの中にもいます。私の母校・北園高校の後輩である安達晴野君も入党して若い世代の旗振り役として活躍しています。だから、共産党の主張イコール若い世代に響かないかというと、全然そういうことはなくて、やっぱり個別のイシューで響く部分はあると思うのです。

そうではあるけども、若い世代がそうした感覚で共産党の組織に入っていって、縦割り組織の壁にぶつかったときに、彼らはどう思うのかが気になっています。共産党を支持するような無党派的な若い世代の人たちは、気候変動やジェンダー平等を求める活動の中で、当たり前のように組織のあり方はフラットなものだと思っているし、そこでの議論も民主的に開かれたものであると思っている。そういう彼らが共産党という組織に入って関わろうとする時に、縦割り的な民主集中制の仕組みと、若い世代が共産党に魅力を感じている部分との齟齬は当然出てくるでしょう。

この問題は絶対にどこかで向き合わなければいけない、あるいは解決しなければいけない問題です。党員と赤旗読者の高年齢化が進んでいる。みなさん寿命があるから高齢の人はいずれ亡くなっていくので、世代交代を進めて新しい人を循環するようにしないと、党そのものが存続できなくなる。しかし、共産党の打ち出す政策や理念に共感するような若い人は、硬直化した民主集中制的な組織体質とはそもそもなじまない。共産党が抱える現在の最大の課題はこれじゃないかと個人的には思っています。

公選制でない今の党首の決め方や民主集中制的な組織構造がすべて悪いとは思いませんが、どのように若い人たちを取り込んで組織を継続的に維持発展させていくかを考える以上、避けては通れない問題です。それが分かりきっている以上、組織運営のあり方をどう変えていくのかという議論はできるだけ早く始めた方がいい。共産党的には繊細で難しい問題でしょうから、すぐに結論が出せる話でもない。だから、10年、15年ぐらいかけるつもりで今から議論を始めた方がいいというのが私の意見です。

7 民主集中制をどうするか ②ジェンダー平等

「百年と希望」という共産党をテーマにしたドキュメンタリー映画が話題になっています。これに出演していた女子中高生の相談、食事・物資の提供、宿泊支援などに取り組んでいる一般社団法人Colabo代表の仁藤夢乃さんは、共産党は政策としてジェンダー平等を打ち出しているけど、2021年の衆議院選挙で彼女が応援していた池内さおり候補が比例代表名簿の順位の扱いが低くて当選できなかったことを受け「ジェンダー平等を謳っている政党なのに東京選挙区の比例の順位が男、男、女なのはおかしい」と、党の男性優先体質を批判しました。

個人的にはジェンダー平等に関しては、共産党はすべての国政政党の中で候補者の女性比率が一番高く、積極的に向き合っている党であると評価しています。

一方で、民主集中制的な組織構造は、ハラスメントが起きやすいのも事実ですよね。党の組織の決めたことに全部従えという文化の中では、自由にものが言いにくくなる。縦割り組織の中で生じる抑圧を内部から告発して健全化していくことは相当に難しい。ジェンダー平等を達成するため党内の抑圧をなくしていくのなら、組織の体制も見直す必要が出てくるのではないでしょうか。

繰り返しになりますが、この問題は構造的なものであり、どこかで絶対に直面せざるを得ません。問題はいざ直面した時にドラスティックに組織体制を変えるのか、それとも起こった問題に蓋をし体制を堅持するのか――。2022年11月に起きた小池晃書記局長の田村智子政策委員長に対するパワハラ問題は、まさしく中央組織の体質がハラスメントを引き起こした典型例と言えそうです。党は小池書記局長に警告処分を下しましたが、これだけだと型どおりの処分に見える。同様の問題が起きてもろくに処分しない自民党政権と比べれば立派な態度ではありますし、小池書記局長の反省の弁も真摯さが伝わってくるものでしたが、組織の変革という点で考えれば、この処分では大きな変革にはつながらない。組織体制を変える一つの大きなきっかけをみすみす見逃してしまったようにも思えます。

党のアイデンティティを問われるような大きな問題に直面して、少しずつ方針を変えざるを得なくなるのは、これまで共産党が向き合ってきたことでもあります。天皇制をどうするのか、自衛隊をどうするのか、日米安保をどうするのか――。かつてはすごくはっきりした考えがあったけれども、野党共闘の必要性が出てきて、連合政権の構想を提案する中で、ある種の現状追認の理論を作って現実の政治状況とのギャップを埋めようとしてきた。これと同じようにいまの共産党にとって根幹をなす民主集中制やジェンダー平等も、同じ局面に入っているのだと思います。共産党の組織体制が変わるのかどうかは、外から見ているとなかなか分からないですが、結局のところ答えは一つしかないように思います。不可避であるこの問題について志位委員長も当然考えているでしょう。時代に合わせて組織のあり方も見直していかなければ、若い人の取りこぼしがおき、本来だったら投票してくれたり、党員になったりしてくれるような人が十分に取れないことがおきていくわけですから。しかし、一気に党組織のあり方を変えるとなると、従来の党員や支持者からの反発も大きいだろうから、あまり拙速にはできない。いずれにせよ非常に難しい舵取りが求められる。進め方のプロセスや速度については、党の執行部が判断するしかないわけですが、大事なのはゴールを見誤らないことです。

8　民主集中制をどうするか　③双方向的コミュニケーション

もちろん、党内に派閥を作らず民主集中制で基本的には上が決めたことに従うという縦のラインがしっかりしているから、冷戦崩壊後の90年代にいろんなヨーロッパの共産党がなくなっていくような状況でも党を維持できたという言い方もできるでしょう。２０１３年にインターネット選挙が解禁されて以降、共産党はＳＮＳに活路を見出し、いろんな党の中でも草の根的にうまくＳＮＳを使っていますが、それも組織の強固さがあるからこそ成り立っている部分もある。

ＳＮＳ戦略について言えば、共産党はがんばっているし、うまいと思いますが、不十分なところもある。ＳＮＳはじめインターネットの良さというのは、チラシのように一方的情報発信だけでなく、双方向性にあるからです。インターネットの最大の力は双方向性にあって、それは自分たちにとって良いことだけでなく、ネガティブな言葉も向けられるということでもある。批判的な言葉であってもそれが建設的な批判であるならスルーせず正面から答えていくことで、そのやりとりを見ている聴衆に対して信頼感を醸成していくことができるのです。共産党はネットを一方的な発信ツールとしてはうまくは使っているけれど、双方向のコミュニケーションツールとしてどこまで活用しきれているかというと、まだまだ不十分に見える。

なぜ不十分になっているかというと、組織のあり方とつながっているんじゃないかと思いますね。組織として新陳代謝をして若い人に共感を広げて届ける際には、インターネットの双方向性をうまく活用することが必要不可欠です。情報発信のやり方がひとりよがりになっていないか、自分たちの組織のあり方と照らし合わせて考えていただきたいなと。

9　政策連携から連合政権への課題

この間の野党共闘や政策連携をここ3、4年見ていて思うのは、外交・安保の問題をどうするのかというところがすべての肝になっているということです。自衛隊の活用と日米安保をどうしていくのか、共産党と他のいわゆる立憲野党でそこの隔たりが大きい。ジェンダー平等や気候危機対策、人権の問題など、それ以外の政策はあんまり変わらなくなってきていますから。

個人的に強く印象に残っているのが2021年の入管法改悪問題でした。政府は入管法の改悪法案を通そうと思えば強行に通すことができたでしょうが、NPOや著名人の声あげとマスメディアの調査報道、そして調査報道をうまく武器にした野党、立憲民主党も共産党と連携して法案を止めることができた。ネットの双方向性をうまく活かせた事例でもあり、今後政策ベースの野党共闘を考えるうえですごく良い成功事例になったと思います。検察庁法改悪の時に比べてもよりもっと有機的な結合ができました。このようにバラバラに見える野党間でも個別のイシューで連帯、連携できることは増えている。この可能性を最大限伸ばしてほしいなと思います。

他方で、こうした政策レベルでの連携は野党間でもっと深くできるでしょうが、最終的に連立政権を組みましょうという話にならないのは、外交・安保の問題があるからですよね。今後その根本的な部分をどうしていくのか。組織のあり方をどう変えていくのかと同じで、今の共産党に突きつけられた喫緊の課題であるように思います。

10 新自由主義への対抗軸の塊が必要

他にも重要な軸が出てきています。一つは民主主義社会への挑戦とも言える問題です。第二次安倍政権になってから公文書がめちゃくちゃにされるとか、国会を軽視して閣議決定でなんでも決めてしまうことが常態化しています。安倍元首相の国葬の閣議決定もそうでした。議会制民主主義や憲政が形骸化させられており、民主主義のプロセスを大事にすることを共産党が強く主張しています。これは今後もしつこく主張していただきたい部分です。

それともう一つは、新自由主義的な価値観への批判です。新自由主義への対抗軸というのをどう作っていくのか。とりわけ新自由主義に対して抵抗していくという対抗軸は、若い人に対しても共感を得られる部分だと思います。

それらを踏まえて今後共産党はどう変わっていけばいいのか。外交・安保と組織のあり方を変えていくのか、それとも堅持していくのかということが当面の課題ですが、それに加えて新自由主義的・自己責任が内面化されてしまった日本社会をどう立て直していくかについて、説得力・現実味のある主張をすることで若い人から共感を得られるようにする。このあたりが重要なポイントになるでしょう。

それを考えるうえで、２０２２年10月のＮＨＫの世論調査は衝撃的でした。ウクライナ侵攻があったことで防衛費増額を認める人が多いわけです。防衛費増額に55％が「賛成」で、では防衛費を増やすといっても何兆円も増やすわけで、財源をどうするかという問いに61％が「ほかの予算を削る」を選んでいるんですね。これ選んだ人に本当にそのことの意味分かっていますかと問いたいです。今でさえ社会保障費がどんどん削られていって、これからますます生活が苦しくなっていく人が多くなる中でも、他の予算を削って防衛費を増やすのがＯＫだと思っている国民が６割くらいいる。これは結構大変なことですよ。もちろんそれは問題を伝えきれていない我々報道の責任も大きいのですが、リベラル政党も、防衛費を増やせばここが削られてこんな酷いことになるのです、そうならないためにこうしましょうという提案を打ち出していかなければならない。

外交・安保の現実では、ロシアのプーチンのような国際法を無視してウクライナ侵攻をする独裁者が出てきてしまい、中国の習近平も台湾への軍事進攻を考えているのではないかと言われています。台湾有事も現実味が出てきた状況で、日本をめぐる安全保障環境が厳しくなっていることは確かです。このような現実にどのように応答していくのか考えつつ、それ以上に、国民の危機としての行き過ぎた自己責任社会、新自由主義社会に対してどう対抗していくのか、共産党にはその対抗軸を示してほしいです。この対抗軸を作るために、できるだけ多くの野党と連携して塊をつくってもらいたいなと思っています。そのための党内議論を始めてほしい。

中北浩爾・一橋大学教授が『日本共産党――「革命」を夢見た100年』（中公新書）で、共産党には教条主義的な部分と柔軟性の部分との両面を持っているという評し方をしていましたが、いまこそ後者の柔軟性の部分を発揮すべきタイミングだと思います。

共産党が共産主義・社会主義の前段階に置いている民主主義革命を目指すうえでも、行き過ぎた新自由主義をただすために、ある種の教条的な部分を維持しながら、そこに行くために現実的な力を得るために、外交・安保で中道政党とも妥協できる一致点を探ることは、たぶんこれまでやられてきた教条的な部分と柔軟性の部分を両立してきた延長でできることだと思うのです。残念ながら現在の世界情勢・外交安保の議論はウクライナ侵攻と台湾有事の現実味の増加で一段厳しいレベルに上がってしまった。こういう厳しい時代だからこそ共産党がどのようなスタンスでこの事態に向き合っていくのか注目されているのだとも思います。

11　市民運動の調整弁としての機能に期待

最後に、私が共産党に一番期待している部分を述べます。それは、マイノリティなどの市民運動の「調整弁」としての役割です。

今の政治状況は――日本だけでなくて国際的に似たような部分がありますが――極右ポピュリズム的でイデオロギー的にパターナリスティックな右派の政治がある一方で、左派の側にはマイノリティのアイデンティティ・ポリティクスが強まる傾向があります。ＬＧＢＴや女性への差別の問題などで、アイデンティティ・ポリティクスの代弁者として左派政党がつくケースは多いですが、これに対するバックラッシュもネット上で日々激化しており、アイデンティティ・ポリティクスの隆盛が分断の種にもなっている。

しかし、根本的には分断を起こしているのは誰なのかという話もありますよね。そもそも構造的な抑圧状況があるからこそ少数派が声を上げざるを得ないわけですから。沖縄の基地問題で顕著に見られますが、抑圧されて声を上げている少数派に対して圧倒的多数派が「言いたいことはわかるが声の上げ方が悪い」と「ジャッジ」するのは抑圧の再生産ですし、問題の根本を覆い隠すことになります。何より少数派は少数派であるがゆえに、選挙の仕組みで政治的主張を政策に落とし込むことが困難です。それに加えて、アイデンティティ・ポリティクスは一人一派みたいな部分があり、それらが呉越同舟しているようなところもあるので、内部での路線対立も頻繁に見られます。

そんな混沌とした状況の中で、マイノリティやアイデンティティ・ポリティクスのプレイヤーたちから一番信頼されているのは共産党だと思うのです。その信頼感、立ち位置がすごく重要で、その部分をうまく活かしてほしいなと。

自分がなぜそう思ったのかというと、２０２２年春に急遽制定が進んだＡＶ新法の問題からでした。この問題はいろんな主張が絡み合う非常に複雑な問題で、何を正解だとするかは難しいです。もともとは10代の性搾取される女性をどう守るのかというところからスタートして、女性の権利を推進する人たちの中でもＡＶ新法に反対と推進で対立し、激しい議論が行われていた。恐らく共産党の中でも意見が割れていたと推察します。

例えば、ＡＶという存在そのものに否定的な人も新法反対派の中に混じっていました。他方でＡＶに出演する人や適正にやっている事業者もいて、当然彼らにも営業の自由や人権はある。

この問題を取材していて漏れ聞こえてきた内部の話では、国会議員の中では共産党の山添拓参議院議員が調整機能を果たしていたということです。当初案のＡＶ新法なら納得できないという人たちが要望書を出して修正が行われ、当初は慎重な立場だった共産党も最終的に法案賛成に回った。その賛成に回る過程で、山添議員が果たした役割は大きかったと聞きました。

ＡＶ新法は女性の権利を擁護する立場に大きな分断をもたらしましたが、重要なのは共産党がこの新法の賛成派からも反対派からも一定の信頼を得ていたからこそ調整できたという事実です。ＡＶ新法に限らず今後アイデンティティ・ポリティクス――さまざまな社会運動や市民運動間でこうした衝突は起きていく。そういうときにいずれの立場からも一定の信頼を得ている共産党だから果たせる役割があるはずです。駆け込み寺のようにどんな立場の人からも意見を聞いて、表には出せない喧々諤々の議論を、最終的に政策として落としんでいく調整弁――これこそが今後共産党に求められる最も大きな役割になっていくのではないかと自分は期待しています。

そしてそれは若い人の支持を分厚くすることにもつながります。とりわけ若い人は強い言葉の「批判」に抵抗感を持つ人が多く、むき出しのアイデンティティ・ポリティクスに違和感を持つ人も少なくないですから。抑圧された少数派の人たちの声を真摯に聞き、彼らに寄り添いながら政策に落とし込んでいく部分では冷静で現実的な対応をする。共産党にはその能力があるはずです。

社会が複雑化し、ソーシャルメディアの影響力が大きくなっていく中でアイデンティティ・

ポリティクスの影響力が大きくなっていくことは避けられません。それが行き過ぎるといま米国で起きているような「文化戦争」になってしまいます。よく「戦争は外交の失敗」と言われますが、文化戦争に至る前に外交（という名の調整）でできることはたくさんあるはずです。そこの部分でぜひ共産党にはアイデンティティ・ポリティクスの人たちとの緊密な関係——豊富な「外交力」を活かして戦争まで発展させない調整を行ってほしい。この強味を活かして党勢を伸ばすことが、必然的に共産党の次の１００年の向かうべき道を示してくれるのではないかと思っています。

政治と社会のボトムアップをコモニングする

政治学者、大阪大学教授　木戸衛一

はじめに

私が大学でドイツの歴史や政治を勉強しようと志したきっかけは、都立高校生時代の東京都知事選挙です。

1970年代半ば、都知事はマルクス経済学者の美濃部亮吉氏でした。1967年に初当選し、2期目は圧勝したものの、3期目を控えた1975年2月、彼を支える社会党と共産党の確執から、美濃部氏は不出馬を表明しました。対抗馬は、自民党最右翼の石原慎太郎氏。「石原都政になったら東京はどうなる」と多くの人が心配しました。その頃たまたま目にした「今の東京は、本来立場が近いはずの社会民主党と共産党が抗争を繰り返し、ナチス政権に道を開いてしまったヴァイマル共和国と似ているではないか」という投書が、私の進むべき方向を決めてくれたのです。

結局、美濃部氏は「石原ファッショ」阻止を理由に不出馬を撤回、4月13日の都知事選に辛勝しましたが、社共の不協和音は後々まで尾を引きました。また、日教組大会などでの社会党系・共産党系代議員の罵り合いは、高校生の私ならずとも嫌悪感を覚えるものでした。

それからほぼ半世紀。日本の左翼は後退の一途をたどり、ほとんど孤塁を守っている共産党も、党員の高齢化に伴う活動の弱体化は否めません。そこで、ドイツ政治を研究する立場から、日本共産党にいくつかの提言を試みたいと思います。

1　日本の深刻な政治不信・政党不信

２０２２年10月３日付朝日新聞の世論調査によると、岸田文雄内閣への評価は、２か月連続で不支持率が支持を上回り、不支持率は47％から50％に達しました（「支持」40％）。９月27日の安倍晋三元首相の国葬については「評価しない」が59％（「評価する」35％）、政治家と旧統一教会をめぐる問題への岸田首相の対応も「評価しない」が67％です。これほどまでに政権の評判が悪いのに、自民党に対抗する勢力として、今の野党に「期待できない」が81％にものぼったことは、重大な問題です（「期待する」15％）。

非営利シンクタンク「言論ＮＰＯ」が８月に発表した「世界55カ国の民主主義に関する世論調査」は、日本国民の深刻な政治不信を改めて浮き彫りにしています（表１）。[*1] 日本では政党も政府も議会も信頼されておらず、「国内に自分の意見を代弁する政党がない」はワースト６位です。

自国の民主主義に対する最大の脅威は何かという問いに対し、55か国全体の答えは、①汚

表１　55か国世論調査に見る政治不信の度合い（％）

	日本	全体	ドイツ
自国の選挙プロセスは不透明である	48	43	26
国内に自分の意見を代弁する政党がない	63	40	34
自国の民主主義はあまり／全く機能していない	48	44	34
政治家は民意を無視するので、投票は無意味だ	35	30	29
自国の政府を信用していない	68	43	42
自国の議会を信用していない	64	44	41
自国の政党を信用していない	73	58	59

職（25％）、②テロ（14％）、③社会的・経済的格差（12％）の順でしたが、日本は①中国・ロシアのような専制・独裁国家（27％）、②国民の政治的無関心（19％）、③社会的・経済的格差（15％）、ドイツは①社会的・経済的格差（24％）、②テロ（13％）、③移民（12％）でした。日本は1位・2位いずれの数値も突出し、いささか分裂気味の様相を呈しています。

他方、日本では「政府がより効率的に機能するために市民の自由が制限されてもかまわない」という見方への反対が84％（全体59％、ドイツ79％）、「議会や選挙を顧みない強い指導者を持つこと」への反対も82％（ドイツ62％）に達しており、決して強権政治への志向性は強くありません。しかし、代表制民主主義への基盤がかなり揺らいでいるのは確かで、政治そのものへの絶望がファシズム的な方向に誘導されない保証はありません。経済・社会の停滞にもかかわらぬ（あるいはそれゆえの）政治への無関心・無思考は、安倍殺害のように、暴力のみに変化のきっかけを求める態度に繋がりかねません。

2　アンフェアな選挙制度に抗し、市民社会との接点を広げる

日本における政治不信の一因には、自民党一党優位を支える複雑で不公正な選挙制度があります。まず、国政レベルでは議会選挙だけしかないのに対し、地方は二元代表制で、首長と議会が選ばれます。手渡される投票用紙は選択式ではなく、記名式です。同じ国政選挙でも、衆議院と参議院では選挙区の区割り・定数も異なれば、比例代表選出の方式も拘束名簿式・非拘束名簿式と異なります。

しかも、優越的な権限が認められている衆議院の選挙では、定数の6割以上（465名中289名）が小選挙区に偏っています。最初から分かっていたことですが、二大政党による政権交代を可能にし、政治に緊張感をもたらすという触れ込みで1996年10月の衆院選以来実施されている小選挙区制には、落選した候補者に投じられた票が「死票」となり、得票率と獲得議席比率が一致しないという大きな欠陥があります。政党中心の選挙で、公認権を握る党首への権限集中は、内閣人事局（2014年5月設置）による官僚支配とならんで、日本を戦争できる国にするための強権的な「2012年体制」の基盤をつくりました。

小選挙区制は、日本の政治を確実に劣化させています。よく言われるように、この国で選挙に当選するには、「地盤」（組織）、「看板」（知名度）、「かばん」（資金力）が必要とされます。となると、政治が「家業」、つまりファミリー・ビジネスの世襲議員は俄然有利です。加えて、300万円（比例600万円）という国会議員選挙の高額な供託金は、経済的弱者の立候補を事実上排除するものです。実際、この制度は1925年の普通選挙法制定に伴い、無産政党の進出を防ぐ目的で導入されたもので、治安維持法とセットと言える代物なのです。

2021年10月の総選挙で当選した衆院議員のうち、23・2％（108人）が世襲議員です。もちろん自民党が最多（87人）で、当選者の33・6％。過去20年の首相9人のうち、6人が世襲議員です。家業を守ることが使命の世襲政治家の愚劣さ・醜悪さは、当たり前のように政治を私物化するのみならず、「日本の伝統」やら「愛国心」やらを叫ぶ陰で、日本を「サタン国家」と呼ぶ旧統一教会と懇ろな関係にあったことからも明らかです。

1990年代の「政治改革」で叫ばれた「カネのかからない政治」も、全然実現していません。企業・団体献金を制限する見返りだとして設けられた政党交付金制度で、国民1人当たり250円、年間320億円もの税金が、この制度に反対する共産党を除く各党に渡り、しかも自民党や日本維新の会（以下「維新」）は、国庫に返納すべき助成金をため込んでいます。[*2] 他方、企業・団体による献金は続き（2020年の政治資金収支報告書によれば自民党は約23億円）、政治資金集めのパーティー券購入も野放しで、まさに「盗人に追い銭」状態です。

政治を監視すべきメディアですが、「しんぶん赤旗」(以下「赤旗」)が特に近年、日本ジャーナリスト会議のJCJ大賞やJCJ賞を繰り返し受賞しているのは、商業メディアの退廃の反映でもあります。「国境なき記者団」(本部・パリ)が毎年公表している報道の自由度ランキングで、2022年日本は71位でした。民主党政権時代の2010年は11位だったのが嘘のようです。転落の原因が「2012年体制」下の各種報道統制にあることは確かですが、22年にさらにランクを下げた理由に「自己検閲」が挙げられているのは、実に情けない話です。

この体たらくの淵源も、往時の「政治改革」論議に求められます。山口定・大阪市立大学教授(当時)は、91年衆議院で廃案になった「政治改革」三法案を生み出した第八次選挙制度審議会に、大新聞など報道機関の幹部が参加していたことに関し、「こんなことが続けばわが国は真の意味での自由で多元的な言論の国とは言えなくなるのではないか、(中略)民主主義にとって自由で多元的な言論がどんなに重要かということを思い起こしていただいて、マスコミ関係者の間で審議会参加に関する何らかの自主的なルールを早急につくって欲しい」と苦言を呈していました。[*3]現実は、それに応えるどころか、政界のフィクサーが社主を務める大新聞を初め、「反権力は正義ですか」などと妄言を吐く「ジャーナリスト」が幅を利かせています。

もっとも、学者も偉そうなことは言えません。この点でも山口氏は、「[「政治改革」法案で提案された）『小選挙区比例代表並立制』擁護論者の議論には、事実をねじ曲げた詭弁と、一般国民には分かりにくい隠語が多く、不愉快だった」と喝破しています。[*4] なるほど、西欧先進諸国、特に欧州大陸では小選挙区制ではなく比例代表制が中心ですし、小選挙区制を中心に比例代表制を組み合わせた「並立制」も当時西欧では採用されていませんでした。「『議会政治はイギリス』と考える古い発想が生んだ詭弁」から生まれた「並立制・併用制」という「専門家向きの隠語」を押し通した学者の責任も重大です。

しかし、メディア・学問いずれの世界にも志のある人はもちろんいます。共産党は中央でも地方でも、報道関係者や学者を巻き込み、場合によっては他党とも共同して、日本の選挙システムの根本的な問題を改めて市民に知ってもらい、政治不信を克服するためのフォーラムを設けてみてはどうでしょうか。さしずめ、メディアが四六時中「維新」のプロパガンダ・マシーンとして奉仕している大阪で、これは緊急の課題でしょう。

そうした場合、ドイツでは、政党系の財団が活躍します（表2）。それらは一応政党とは別個の存在で、資金は国庫で賄われます。そして、シンクタンクとしての調査・研究活動はもとより、講演会・シンポジウムなど学習・対話の機会を提供し、奨学金も支給しています。国外事務所は、「副次外交」の拠点になっています。[*5] また州レベルには、各党それぞれの財団が複数存在します。「政治とカネ」のスキャンダルが相も変わらず繰り返され、政治不信が募る日本

表２　ドイツの政党系財団

フリードリヒ・エーベルト財団	社会民主党（SPD）
コンラート・アデナウアー財団	キリスト教民主同盟（CDU）
フリードリヒ・ナウマン財団	自由民主党（FDP）
ハンス・ザイデル財団	キリスト教社会同盟（CSU）
ローザ・ルクセンブルク財団	左翼党
ハインリヒ・ベル財団	90年連合／緑の党
デジデリウス・エラスムス財団	ドイツのための選択肢（AfD）

では、政党と市民社会とを媒介する機関の創出は検討に値するでしょう。

ドイツの政党系財団を紹介したのは、持続的な政治組織である政党という〈公〉《パブリック》とも新自由主義的に管理された〈私〉《プライヴェート》とも異なる〈共〉《コモン》の空間を確保することが、「平等かつ普遍的な参加からなる真の民主主義」に繋がると考えるからです。[*6] 政党はどうしても同質性に基づく団結を追求しがちですが、人間も自然もボロボロにしている今日の資本主義を超克するには、他者性に基づく連帯の原理をかみ合わせて、所有を〈共〉《コモン》へと開いていく必要があるでしょう。新自由主義の下、一握りの資本と国家の代表によって、公共財が略奪され、民主主義が空洞化され、軍事化が強行されていることへのカウンターは、底辺からの共同と参加以外にないと思われます。

言うまでもなく、「共産党」という党名は、「共有の」「共同の」を意味するラテン語のコムニス（communis）に由来します。共産党こそ、〈共〉《コモン》の空間の構築に協力し、党と立ち位置の近い、しかし自立的なシンクタンク（日本でシンクタンクというと銀行系ばかりですが）

を政策立案の知恵袋とし、政治と社会のボトムアップを〈共に作る〉《コモニング》道を歩んでほしいものです。

3　反共主義の「愚かさ」を乗り越える

共産主義に限らず、政治におけるさまざまな「主義」は、思想・運動・体制の各次元に区別して論じる必要があります。共産主義的な思想と運動は、既存秩序の擁護者から常に攻撃されてきました。特に「労働者は祖国を持たない」（『共産党宣言』）という国際主義ゆえに、ナショナリスト・戦争勢力からの「祖国なき輩」に対する非難は今も昔も激烈です。ドイツでは1878〜90年、社会民主主義者・社会主義者・共産主義者らの団体・集会・出版を弾圧する法律が施行されました。

1917年、10月革命でソヴィエト政権が成立すると、西側ではパニックのような反共主義が生まれました。東方世界への人種偏見も相まって、共産主義者は悪魔化され「人肉を食べる」といった流言も流されました。当初から反共主義とは、共産主義者のみならず、社会主義者・無政府主義者を含む左翼全般や反戦・平和運動を攻撃するため、融通無碍に変化する闘争概念です。特にナチスは「共産主義との闘い」を掲げ、1933年に権力を握ると、反共主義を盾に未曽有の人権侵害をやってのけました。

1943年10月13日、米国に亡命中の文豪トーマス・マンは、「戦争と未来」という講演で、反共主義を「迷信、幼稚で、私たちの時代の最大の愚かさの一つ」と呼びました。[*7] ドイツ民主党（DDP）党員だったマンを、「左翼」とは呼べません。その彼が、共産主義的な性格は、中世後期の宗教運動にまでさかのぼって認められるし、共同所有権の考え方、階級差の平等化、万人の労働権など、未来を展望するうえでも欠かせないと述べたのです。

問題は、共産主義という「言葉のお化け」をひたすら恐れ、敵、つまりナチスを勇気づけることでした。この間、人々が固執する所有権の概念も制約を受け、変遷している。所有権と密接に関わる個人的自由の概念も、集団的要求に適応することを余儀なくされている。そもそも自由の概念自体、かつては革命的だったし、現代では平等との均衡が求められている。こうしてマンは、共通善、人類の進歩のための人々の共同、それによる世界の真の和平を望み、「〈共産主義的〉という形容辞が比較的適切な社会構造」を見通したのです。

まさに合理的思考を停止させる装置としてのプリミティヴな反共主義は、ナチスが政権の獲得・維持に利用したものです。ヒトラーは、「民衆の圧倒的多数は、冷静な熟慮よりもむしろ感情的な感じで考え方や行動を決める」ので、「不寛容な熱狂」が勝利の秘訣だとうそぶき、「ユダヤ的ボルシェヴィズム」の撲滅を叫びました。[*8] 冷戦期の西独でも反共主義は、分断国家という事情と、東方からの被追放民の存在から声高に唱えられ、全体主義理論は、既に滅亡したナチス国家より現存するソ連・東独への敵対心を掻き立てるのに利用されました。「ドイツ統一」後、ソ連崩壊から約20年の2011年初頭、左翼党の党首が「共産主義への道」を唱えると、メディアは一斉にその「時代錯誤」を非難しました。この国では「共産主義」の語から、スターリン主義独裁の記憶を払拭するのは容易ではありません。

他方、日本で反共宣伝が十年一日のように繰り返されるのは、天皇制絶対主義の残滓と、旧統一教会のようなカルト集団の謀略で、「言葉のお化け」が重宝されるからでしょう。人々が恐怖による支配から解放され、「悲しむ能力」(アレクサンダー&マルガレーテ・ミッチャーリッヒ)、つまり共感力(エンパシー)を回復して、神がかった権威を打ち捨てられるようになるには、ほとんど精神療法的なアプローチが必要で、その際、理詰めの説明よりもアートやエンターテインメント、特に笑いという手法が有用かもしれません。

いずれにしても、ソ連が既に崩壊し、中国共産党の支配体制がおよそ社会主義の理念と乖離している状況で、日本の左翼の存在理由は、資本主義を社会主義的に変革することと並んで、「天から途中まで降りて」きて「(戦争)責任を回避」[*9]して成立した象徴天皇制と、その延長線上にある日米軍事同盟体制を克服する道を示すことにあります。

4　左翼多元主義

ドイツの左翼党は、２００７年６月16日、東独の民主社会主義党（ＰＤＳ）と主に西独の「選挙オルターナティヴ・労働と社会的公正」（ＷＡＳＧ）が合併して生まれた政党です。ＰＤＳは、旧体制時代の支配政党、社会主義統一党（ＳＥＤ）を刷新して誕生、ＷＡＳＧはゲアハルト・シュレーダー政権の福祉解体政策に反発し社会民主党（ＳＰＤ）を離党した労働組合関係者が立ち上げました。

両党の合併は、選挙で競合したら５％条項で共倒れに終わるという実利的判断によります。ドイツの選挙法は、得票率が５％に達しない党は議席を得られないと定めているのです。

左翼党は、２０２１年末現在党員数が６万０６７０人。①自己決定した生存の諸条件への社会的に平等な関与と連帯を通じての個人的自由と人格の発展、②経済を連帯的発展と自然維持の下位に置く、③民主的・社会的・エコロジー的勢力による資本の支配の克服と民主的社会主義社会の実現を基本理念としています。

結党以来、左翼党には、現実主義的な東と、原理原則にこだわる西の肌合いの違いがあります。旧ＳＥＤのような一枚岩的な党組織は当初から否定され、「反資本主義左翼」、「民主社会主義フォーラム」、「共産主義プラットフォーム」、「エコロジー・プラットフォーム」といった党内「集合体」（Zusammenschlüsse）が存在しています。[*10] 各集合体の対等性や、複数の集合体への参加を許容する、価値相対的で寛容な左翼多元主義は、この党の党是です。それは、スターリン主義の過去を清算し、党内民主主義を保障するために不可欠なのです。

政治的伝統が異なり、また党綱領に個別の異論があっても、上記の基本理念、非暴力・民主主義・人権の原則に賛同していれば、誰でも歓迎するという姿勢は、この党がエリート政党でないことの証左でもあります。それは選挙にも反映し、比例候補者名簿に非党員や他の政党・団体のメンバーが載ることも珍しくありません。

このように開かれた姿勢はより幅広い説明責任を伴い、それが有権者との距離を縮めることにもなります。これは２０１８年８月、90年連合／緑の党の例ですが、あるインターネット番組が、この党への支持をやめた市民が、就任して半年余りの共同代表に疑問をぶつけるという企画を立てました。２時間半の番組中、二人は「なぜ緑は自動車コンツェルンの献金を受けるのか」といった質問に懸命に応答していました（ちなみに左翼党は企業献金を受けません）。元支持者を切り捨てない度量の大きさも、多元主義的論争の産物と言えます。

5　党内議論の透明化

もとより、左翼多元主義が予定調和的に成功を約束するわけではありません。これまで左翼党では、個々の有力党員や「集合体」が、あたかも党を代表するかのように発言し、過剰な論争を招いたこともありました。しかしそうであっても、多様性の尊重を謳う政党が、党内の多様な意見を封じるのは、自己矛盾になってしまいます。何よりも多元主義を前提にすれば、党内議論は必然的に公開性・透明性を帯びることになります。

共産党にあっても、日本のタブーテーマである天皇制はオープンに議論できないのでしょうか。というのも私は、「赤旗」が2017年4月1日付から日付に元号を併記していることに違和感を抱いているのです。後日、「今回の措置は、『西暦だけでは不便。平成に換算するのが煩わしい』『元号も入れてほしい』など読者のみなさんからの要望をうけた措置です」との釈明がありましたが、その決定に至るプロセスは不明です。

なぜその時点で元号併記を決めたのかという問題もありますが、それ以上に「元号の慣習的使用」を容認すること自体の意味が問われなければならないでしょう。私に言わせれば、日本国民の救いがたいまでの歴史健忘症は、天皇による時間の支配を意味する元号制度に起因します。1945年までの軍国主義の時代と、それ以降の曲がりなりにも民主主義の時代とを、同じ「昭和」で一括りするような国家社会に、まともな歴史認識は形成されないでしょう（ちなみに私が理事を務める日本平和学会も、設立趣意書は「昭和48年9月」と表記されていて、歴史的限界を感じさせます)。

　たしかに、国家における権威と権力の関係は、歴史的にも現実においても難しいテーマです。[*11]多くの日本国民が元号に慣れさせせられているのも事実でしょう。しかし、天皇は通常の国王や皇帝とは違って神様の子孫とされており、近代日本は、天皇のために命を投げ出すことが最高の国民道徳で、その者自身が「御祭神」にされるいわば「カルト国家」だったわけです。「2012年体制」の下で、その歴史が否認・美化され、天皇を利用しつつ暴力政治が強行され、全体主義的な愛国運動が台頭している状況を考えれば、もはや元号の「慣習的使用」を安易に傍観することはできないのではないでしょうか。

　かつて「建国記念の日」をめぐって、「偽りを述べる者が愛国者とたたえられ、真実を述べる者が売国奴と罵られた世の中を、私は経験してきた」と書いた三笠宮崇仁(昭和天皇の末弟)は右翼の攻撃に晒され、[*12]2001年の誕生日に「韓国とのゆかり」を語った明仁天皇は、一部から「反日」と中傷されました。天皇を「反日」と呼ぶとは正常な神経とは思われませんが、恐ろしいのはそうした非合理主義が行動主義に転化することです。「ファシズムから見れば、どんな歴史観も、まったくのつくりものであり、歴史的時間を突破する行為のために撤去されなければならない虚構《フィクション》とみなされる」と、社会学者カール・マンハイムが1929年に綴った文章は、今の日本で恐ろしいほどの現実味を持つように思われます。[*13]加藤周一氏は1979

年、「もし反軍国主義の国民感情が後退し、天皇の神格化または神秘化と、その法的権限の拡大が実現されるならば、しかるべき国際情勢のもとで、天皇制は日本を再び好戦的にするために役立つだろう」と警鐘を鳴らしていました。*14

話を本題に戻すと、政党の活力に活発な党内議論は不可欠です。執行部にとっては、さまざまな議論をオープンにまとめる力量が高まります。リーダー選出のあり方を含め、共産党の意思決定に一般党員が関与できる仕組みも一考に値するでしょう。吉田徹氏は「くじ引き民主主義」を提唱していますが、基本価値が共有されている政党だからこそ、無作為に選ばれた党員が党執行部と対等に意見交換する機会は、党内民主主義を内実化すると思います。

6　政治のフェミナイゼーション

共産党のジェンダー平等の主張には大賛成です。つとに指摘されるように、国民の男女比はほぼ半々なのですから、議会の男女比もそうあるべきです。２０２２年参議院選挙で、共産党が擁立した候補者の過半数が女性だったのは、喜ばしいことです。

もちろん、議員や政府要人の性別だけが問題なのではありません。現在ドイツの外務大臣は女性ですが、彼女の就任以前から、ドイツでは「フェミニズム外交」が語られ、ベルリンには

「フェミニズム外交センター」（CFFP）というNGOもあります。その問題意識は、家父長的な支配構造が、強欲・暴力・権力乱用を通じて世界を戦争・危機・不公正だらけにしたのであり、パワー・軍事力の誇示・行使に、和平交渉における調停、フェミニスティックな権力分析、気候正義を対置して、これまで主に西側の白人年輩男性が規定してきた国際関係の理論と実践をパラダイム転換しなければならないというものです。

当然、ことは外交に限りません。国連加盟193か国のうち女性が元首を務めるのは28か国ですが、2022年9月20日、「国連総会女性首脳プラットフォーム」第1回会合が開かれ、意思決定の場でのジェンダー平等が謳われたのも、政治全体のフェミナイゼーションを志向するものでしょう。

これまで政治は、他者に対して優越したい「優越志向」、自分の意志を他者におしつけたい「権力志向」、できるだけ多くのモノを所有し、所有したものを自分のモノとして確保したい「所有志向」の男性原理によって歪められ[15]、それは、競争と利潤を金科玉条とする新自由主義で加速しました。競争に勝ち、ヒエラルキーでの地位上昇を図るがゆえに、転落への恐怖に支配されるのではなく、「競争ではなく共有、妥協ではなく共同、かけひきではなく協力を、政治のやり方や価値にしていこう」という「政治のフェミナイゼーション」の波は、新しい政治の指針となるはずです。[16]

156か国中日本が120位のジェンダーギャップ指数で10位のドイツは、現内閣は首相を除くと男女同数ですし、社会民主党、90年連合／緑の党、左翼党の党代表は男女のペアです。特に90年連合／緑の党は、フェミニズム運動の流れを汲む政党だけに、かつて西ベルリンの「民主主義・環境保護オルターナティヴ・リスト」が1984年5月、執行部に8人全員女性を選出した例もあれば、現在の連邦議会議員団長は2人とも女性です。

映画「百年と希望」(西原孝至監督)で、なぜ池内さおりさんが衆議院比例代表東京ブロックで名簿1位にならなかったのかという問いかけを、軽視してはいけないと思います。比例の候補者を女、男、女、男の順にする、あるいはとりあえず地方レベルで全員女性の執行部を生む。そうした実践を通じて、共産党が女性票目当てで「ジェンダー平等」を掲げているわけではないことを内外に示す必要があると思います。

7　政治の日常風景を変える

駅前でマイクを使っての政治宣伝。ドイツでそうした光景はお目にかかりません。たいてい広場や歩行者天国で、候補者や運動員が市民に直接話しかけます。そこには普通スタンドが立っていて、党のパンフレットだけでなく、党名が入った鉛筆、消しゴム、ボールペン、栓抜き、キーホルダー、グミ、キャンディーといったグッズが並んでいます。もちろん全部無料です。風船や風車は効果的で、小さな子どもが欲しがるのをきっかけに親との対話が始まります。

もちろんスタンドでは、政党機関紙も配っています。「赤旗」もそうしたスタンドで、希望者に2週間ほど試読してもらい、特に断りの連絡がなければ引き続き配達するシステムを考えてみてはどうでしょう。ついでに言えば、「赤旗」は商業紙と横並びで休刊日を設ける必要はないと思います。日曜版の紙面構成に影響が出るでしょうが、日刊紙は日曜日をお休みにし、配達員にも記者にも英気を養ってもらったらいいと思うのです。

もはや党員や支持者に、党への犠牲的献身を求められる時代ではありません。特に、労働と生活が不安定で、先行きが見えず、何か不首尾があれば「自己責任」を問われる新自由主義しか知らない若い世代には、運動が、共感（エンパシー）や解放感を得られる居場所、エンパワーメントやスキルアップを実感できる出番を提供する必要があります。

当然、いろいろな場面で世代間ギャップは起こるでしょう。ドイツの政党青年組織は、時に正面から党首脳に異論を唱えます。[*17] 若い人たちのコミュニケーション方法やネットワーク作りは、年長世代には想像もつきません。年輩の人間は、若者の創造力や感性を信頼し、彼らに多くを託すべきだと思います。

戦争国家に突き進む日本の政治を根本的に転換するには、市民に開かれもっと多く支持される共産党が不可欠です。そのためには、自民党らのオヤジたちがないがしろにしてきた「女こども」を初め他者をリスペクトする〈共《コモン》〉の場を築く必要があると思います。

＊1 https://www.genron-npo.net/future/archives/13187.html および https://www.fondapol.org/app/uploads/2022/05/fondapol-survey-freedoms-at-risk-the-challenge-of-the-century-japanese-version-2022.pdf。ドイツ関連の数値は、コンラート・アデナウアー財団パリ事務所の提供。

＊2 税金による政党助成のモデルとなったドイツでは、1票0・86ユーロ（400万票を越えると1票1・05ユーロ）各党に支給され、2021年は総額約2億ユーロでした。

＊3 朝日新聞1992年1月21日夕刊。

＊4 朝日新聞1992年1月22日夕刊。

＊5 日本では、フリードリヒ・エーベルト財団とコンラート・アデナウアー財団が東京に事務所を構えています。

＊6 アントニオ・ネグリ／マイケル・ハート（水嶋一憲・佐藤嘉幸訳）『アセンブリ――新たな民主主義の編成』岩波書店、2022年、8ページ。

＊7 https://en.wikisource.org/wiki/The_War_and_the_Future_(Mann)
＊8 アドルフ・ヒトラー（平野一郎・将積茂訳）『わが闘争』上、角川文庫、1983年、264・497ページ。
＊9 ジョン・ダワー（三浦陽一・高杉忠明・田代泰子訳）『増補版 敗北を抱きしめて（下）』岩波書店、2004年。
＊10 拙著『変容するドイツ政治社会と左翼党――反貧困・反戦』耕文社、2015年、119ページ。
＊11 「安倍国葬」に天皇は勅使を送り、秋篠宮以下7人の皇族が参列しました。
＊12 三笠宮崇仁『日本のあけぼの――建国と紀元をめぐって』光文社、1959年、3ページ。
＊13 カール・マンハイム（高橋徹・徳永恂訳）『イデオロギーとユートピア』中公クラシックス、2006年、239ページ。
＊14 加藤周一『言葉と戦車を見すえて』ちくま学芸文庫、2009年、25ページ。
＊15 伊藤公雄『〈男らしさ〉のゆくえ――男性文化の文化社会学』新曜社、1993年、167ページ。
＊16 岸本聡子『私がつかんだコモンと民主主義――日本人女性移民、ヨーロッパのNGOで働く』晶文社、2022年、191ページ。
＊17 拙著『若者が変えるドイツの政治』あけび書房、2022年、165～179ページ。

『日本共産党への手紙』から32年
―希望の在り処

ジャーナリスト、元参議院議員　有田　芳生

日本の政治は、いくたびかの短い政権交代はあったものの、なぜ変わらないのだろうか。私は12年間の参議院議員を経験し、実感として疑問に思ってきた。民主党政権時代に予算委員会委員として、自民党議員の異様なまでの攻撃と批判を聞きつつ、のちに理解したのは、彼らの政権へのあくなき強い意欲であった。野党の構想と意志はいかにあるべきなのか。私は自分が所属した日本共産党から立憲民主党までの体験を通じて思うところがある。

日本共産党は2022年7月15日に創立100周年を迎えた。政権構想でいえば、1970年7月の第11回党大会で「70年代の遅くない時期に民主連合政府を実現する」と打ち出したとき、その年の5月に入党した18歳の私は、日本の「未来」が見えるようだった。そして創立50年の1972年には国際理論シンポジウムも行われた。実態のわからない新日和見事件への疑問を抱えていたものの、20歳の私には未来があった。それから50年。

100周年は私の予想に反して静かだった。少なくとも党史が出るだろうと期待していたが、それもなかった。『日本共産党100年――理論と体験からの分析』（かもがわ出版、2022年）に「日本共産党100年への手紙」を寄稿し、そこでは私の査問体験と党からの離脱を通して思うところを記した。その経過のなかで『日本共産党への手紙』（教育史料出版会、1990年）に書いた「あとがき」を再読する機会をえた。あのときから32年。歴史の進歩とは何かと思う。

統一教会問題で政権の支持率が落ちていっても、野党の支持率が上がるわけでもない。野党第一党の立憲民主党だけでなく、共産党の支持率も一進一退だ。何が必要なのか。まずは「自由で建設的な議論を」と題して38歳のときに書いた次の文章を読んでいただきたい。

・・・・・・・・・・・・・・・・・・・・・・・・・

89年秋の東欧「民衆革命」は、日本共産党にも大きな影響を及ぼしている。共産党の小林栄三・思想建設局長は「今日の時期の重大性と8中総決定の徹底の問題点」（『赤旗』90年4月21日付）という論文で、東欧問題を利用した反共攻撃の党内への浸透についてこう述べている。

「この反共の嵐は、かつてのソ連や中国の党からの大国主義的干渉や、治安維持法等被告事件での反共攻撃などとは、質量ともに比較にならない大規模なものです」

小林氏によれば、そのため共産党内の一部に「不確信や動揺というべき状態」が生まれているという。そして「50年問題」当時とは事情が違うと断りながら、党建設の心構えをこう説く。

「従来の活動の延長ではなく、『50年問題』後の党の再出発のときと同じくらいの覚悟と心構えで、初心に帰ってとりくんでいく必要があります」

この「50年問題」とは、「1950年の米占領軍による党弾圧にさいしておこった党中央の不幸な分裂」(「日本共産党第19回党大会決議」)だった。これは「徳田球一派」が中央委員会を解体したために起こった「歴史的事件」だ。では「『50年問題』後の党の再出発」とはどのように行われたのだろうか。当時の共産党の活動の一端を振り返ってみよう。

＊＊＊

1955年7月27日から29日まで、日本共産党の「第6回全国協議会」が東京・代々木にある党本部で開かれた。この会議は「50年問題」と呼ばれる共産党の分裂に終止符を打つべく開かれたもので、「党の転換への重要な一歩」(『日本共産党の65年』)と評価されている。

この「6全協」に引き続いて7月29日から30日にかけて開かれた第1回中央委員会総会で、宮本顕治氏(現議長)は常任幹部会員、中央機関紙編集委員会責任者に、さらに8月2日には常任幹部会責任者、統一戦線部長、機関紙部長に選ばれた。

宮本氏が責任を持っていた当時の中央機関紙『アカハタ』で注目されるのは、「文化人から党への言葉」という企画が9月10日から掲載されていることだ。共産党員ではない「文化人」が、共産党に対して腹蔵ない批判、提言を語るというのがこの欄の目的だった。たとえば池田みち子さん(小説家)は、「どの人も個人としてはいい人ばかりだけれど」と題した10月4日付の談話のなかでこう語っている。

「共産党がこのごろ、人から文句をきこうという態度にかわったこと、それは大したことですよ。そりゃあくだらない意見も、きく必要のない意見もあるし、まちがったこともいうかもしれないけれども少しでもその中から学ぼうという態度には感服しますね。それから、まちがったときにははっきりいって直すところはえらいと思いますね」

この欄に出た人たちの顔ぶれと題名をざっと紹介しておこう。千田是也（演出家）「芸術家にもっと親切に」、岡本太郎（画家）「党は、はつらつとしていなっくちゃいけない」、朝倉摂（舞台美術家）「生活の中から花をみつけたい」、荒正人（文芸評論家）「せっかちにならないで長期の見通しのもとに」、阿部知二（作家）「平和とヒューマニズムの働き手であることに期待」、檀一雄（作家）「このごろはちょっといいね」、安泰（童画家）「骨身にしみこんだ習癖はなかなかおらない」、武者小路実篤（作家）「協力しあい批判しあって日本をよくしていきたい」、大岡昇平（作家）「大事なのは一般人の信頼をとりもどすことだ」、桑原武夫（京大教員）「フェアーに議論できないか」、河合亭（早大教員）「コミュニスト学生諸君　君たちは勉強したまえ」、正木ひろし（弁護士）「この機会にヒューマニズムの高い立場を」、吉村公三郎（映画監督）「もっと人間を大事にしてほしいな」、岩崎徹太（児童図書出版協会幹事長）「中小企業の経営者に信頼される『職場の英雄』もいる」、井手俊郎（シナリオ作家）「党に入るとみんな勉強しなくなるね」、高桑純夫（哲学者）「人間としてほんものであってほしい」、渋谷天外（俳優）「なおさなアカンと思うても、なかなかなおらんもんや」、坪田譲治（童話作家）「こうして批判の機会をつくってくれることはうれしい」、妹尾義郎（仏教改革運動家）「ほんとうに反省するなら民族を代表する党になれる」、小野十三郎（詩人）「『愛してちょうだい』はやめろ」、徳川夢声（放送作家）「〝準準準同志〟ぐらいまで間口をひろげてごらんなさい」、貝塚茂樹（京大教員）「信義をまもること、そして大衆の信頼をうること」、田中澄江（劇作家）「反省するとなるといい面も無視する」、大内力（東大教員）「理論と実践の結びつきはもっとじっくりと考えて」、中野好夫（評論家）「そう急に世論の支持がえられると思うな」。

当時の『アカハタ』では一面に掲載された「私の発言」欄で、大内兵衛氏などが「勉強を」といった共産党への注文を述べることもあった。このころの紙面を読んでいて感じたのは、「党の統一」と再出発へ向けて、党を変えようという刷新の息吹がみなぎっていたことだ。

55年8月19日付の『アカハタ』は、紙面への批判、意見、提案を募集すると発表し、10月19日までに寄せられた325通の内容をまとめて10月20日付で「アカハタにのぞむ　読者の意見」という特集で発表した。そこでは「主張について」「国際記事について」「国内記事について」「文化について」「編集技術について」「全体について」「写真について」というそれぞれの項目ごとに読者の声を掲載している。

また、各地の共産党細胞（現在の支部）での討議内容も掲載された。東京のある国鉄細胞で行われた「知識人問題の討議」では、党員のこんな意見も紹介された（10月21日付）。

「おれたち自分だけが正しいという考え方でそれぞれの人たちが正しいと考えてやっていることを認めないで、おれのほうを見ろ式のやり方が、自己批判されているんだ、力関係のなかで相手の立場、考え方を正しく評価することが大せつだ」

また「人間らしい人間に――静岡常任活動者の奥さん会議」という座談会では、「6全協」前の専従活動家の生活がこんな意見として飛び出した（10月13日付）。

「帰ってきても、あまり話をしない。本をよむのだといって、あいてにもしてくれない」

「私たちは、ふつうの人たちをあいてにして商売をしているので、毎日いろいろな世間ばなしを聞く。しかし、夫たちは人間の生きている世間話をきくのをきらう。人間の苦しいこと、かなしいできごと、うれしいことの話をきくのをきらって、どうして国民のために、なにをつくるのだろうと、つくづく思います。一般の人びとの生活のありかたをよくしって、それから学ばなければ、どうして国民に奉仕する党になれるか。6全協のことか、原水爆のことなら目をかがやかしてねっしんに話すが、世間のほんとうの生活の話などはなしたがらない」

「今日は、ほんとうに心に思うままを話してしまったけれど、夫たちがみんなまじめな人であることでは、信頼しています。党のことで、夫たちの頭はコチコチになってしまって、うちのことなどふりむくゆとりがないのだと思います。だけど、そんな人間らしい血も愛情も失った人間になってしまったのでは、党や国民に奉仕するなど、とてもできないとどうしても思います」

「6全協」での再出発から3年。日本共産党は1958年に開かれた第7回党大会で正式に統一を回復した。共産党統一へむけ「党員の創意性をのばす新鮮な民主的気風」(『日本共産党の65年』)を培うのに、これまで紹介したような『アカハタ』紙面が重要な役割を担ったことはいうまでもないだろう。

＊＊＊

日本共産党が時代の変化に敏感に対応して、どのような「再出発」をしていくのか。それは、ひとり共産党員や共産党支持者だけの問題ではない。私の尊敬する政治家は「その民族がどのような共産党を育てるかは、その民族の運命に関わる」と常々語っていた。ソ連・東欧の歴史的な政治動向は、そのことを全世界の人々に劇的に明らかにした。こういう時期に、この日本という国の共産党は国民の目にどう映っているのだろうか。そのことを常日頃、共産党に関心を注いでいる人たちに、なにものにもとらわれず遠慮なく発言してもらおう、少なくともいまそうした場がない以上、発言の機会を設定することにも意味があるだろう——こういう問題意識で編集したのが本書である。

90年2月12日、教育史料出版会の橋田常俊さんと東京・目白にある松岡英夫さんのお宅を訪れた。そこで編集者を引き受けていただき、人選を詰めたのが本書の実質的なスタートだった。はじめ私たちが呼びかけようとしたのは40人。その内訳は元国会議員、労働運動家、評論家、作家、学者、新聞記者などだった。

3月に入り、この人たちに依頼書を送ることから具体的な作業は始まった。企画の趣旨を知らせ、形式は原稿あるいはインタビューでというお願いをした。一人ひとりに電話をかけ諾否を確認しはじめたのは4月に入ってからだ。この作業は、現在の日本共産党への多様な「関心」のありようを直接に知ることができ、大変に興味深かった。

多忙のため参加できなかった人を除くと、反応は大別して三種類。快諾、あるいは会話を交わすなかで参加を引き受けてくれたのは、本書に登場してくださった方々だ。「企画の趣旨には賛成だが、遠慮したい」というのは労働運動家のみなさんだった。共産党とかかわっている実践の現場への影響を考えての配慮からだ。

私にとって衝撃的だったのはもう一つの反応だ。共産党に対し「歯に衣着せずに語る」と思っていた人たちのあまりにも厳しい、「拒否」とも表現できる断りだった。一言でいって「なにを言っても通らないからムダだ」という意見だ。なかには「不信感がある」「傷ついた」という人もいた。「共産党と共同することが必要だ」と、かつて共産党系メディアに出たこともあるが、その後、『赤旗』で敬称無しの名指しで大々的に批判されたからだ。もちろん共産党を除名になった人ではない。要するに、いま共産党について思っていることを語ることで、再び名指しの批判をされるようなことはもう二度と懲り懲りだという。共産党系のメディアに出たときと現在も考えはいっしょなのに「どうして批判されたのかさっぱりわからない」というのだ。当時の議論の中身をここでは措くとしても、批判された生身の人間にとっては「いいように利用された」という思いが「不信感」という言葉に表現されるほど深く沈殿しているのだ。

また共産党の反応を気にして登場を断ったある学者は、「共産党がいまの若者の価値観にあった抜本的な刷新をしなければ、たとえ選挙で一進一退があったとしても、これまで以上の勢力にはならないだろう」という意見を語っていた。

＊＊＊

本書を見ていただければ分かるように、個々の原稿の長さはまちまちになっている。編者の依頼は、４００字づめ原稿用紙で10枚から20枚、あるいは1時間程度のインタビューを基本とするというものだった。しかし、筆者のなかには「原稿用紙が増えてもかまわないか」と問い合わせてきた人もいた。私たちは、本書の性格からいって、共産党について思っていることを余すことなく書いていただく方がいいという判断をした。そのため、集まってきた原稿は、編集作業上のやりとりによる加筆、訂正、削除などはあっても、基本的にそのまま掲載することとした。

本書に意見を寄せてくださったすべての方々は、多忙ななか、しかも緊急の依頼にもかかわらず、私たちの願いに快く答えてくださった。改めて心からのお礼を申しあげたい。なかでも田畑忍さんは病床にあり、インタビューできないままに締め切りが迫ってきた。そのため本書掲載の原稿は、私が88年、89年に田畑さんに行ったインタビューのなかから、共産党について語った部分を原稿化し、ご本人の確認を得たものである。病の床から電話に出られた田畑さんは、「すっかり弱ってしまいましたよ」と語っておられた。この本の完成を期待しておられる田畑忍さんの、一日も早いご回復をお祈りしたい。

日高六郎さんは、パリ旅行中のため本書への登場が無理だと思われた。しかし、日高さんとの相談の結果、共産党と被除名者の問題にふれた『新日本文学』誌掲載の原稿を転載することで、「手紙」としていただくことになった。

また、田口富久治さんへのインタビューは、『朝日新聞』に掲載された「どうなる社会主義」を、ご本人と朝日新聞社の了解を得て転載したものである。新たなインタビューをすることも検討したが、諸般の事情によりそれはやめ、こういう形で田口さんに登場していただいた。

私たちが人選したなかで、依頼の交渉をする前に亡くなられた方もいた。日本の唯物論哲学の歴史を切り開いた古在由重さんだ。古在さんは90年3月6日に88歳で永眠された。私が雑誌の編集者をしていたころ、東京・中野にあるお宅におじゃまをして、インタビューや企画の打合せをしたことが、古在さんの豪放な笑い声とともにいまでも思い出される。「私はマルクス主義者になる前からデモクラットだった。デモクラットとしてマルクス主義を選んだ」とはよく話してくださったことだ。

政治学者の藤田省三さんは、3月8日に行われた告別式で「デモクラットとしてマルクス主義を選んだ」古在さんの思い出をこう語っている。

「『マルクスもデモクラットとして共産党宣言をこう書いたのだ』とおっしゃっていました。デモクラットでない者はマルクス主義者ではありえない、ということであったかと思います。そしてデモクラットというのは民主主義と言葉で吐くものではなくてデモクラットとして生きること。デモクラットとして、具体的な一つ一つの出来事に対し、一人一人の人間に対し、一つひとつの自然に対することである。その姿勢と態度を古在先生は私たちに示してくださいました」（パンフレット『古在先生をしのぶよすがに』）。

この古在さんは、亡くなる数日前まで官僚主義の問題などに思いをめぐらしていたという。それは「たんに封建的な主従関係の習慣の持続力あるいは家父長的な小生産者層のふるい意識の残存ということからだけ」個人崇拝が起こるのではなく、資本主義がそれほど遅れていないところでも民主主義がふみにじられているところで「多少とも別の個人崇拝」が発生するという、かねてからの問題意識の延長でもあった（『文化評論』１９６７年２月号、『人間賛歌』岩波書店刊所収）。死の直前の床にあっても「人間の顔をした社会主義」をどうすれば実現できるのかという熱い問題関心を抱き続けた古在さんと、この『日本共産党への手紙』という本のテーマで話し合ってみたかった。

私たちは、原稿の多くが集まりはじめた段階で「手紙」への「返事」をもらうことを考えた。「手紙」のなかで日本共産党に対して示された提言、疑問、批判に直接答えてもらうためだ。「手紙」を書いた人たちのなかには「悪意」はなくとも、共産党の「方針」を知らないための誤解があるかもしれないし、あるいは共産党にとっても今後の参考になることがあるかもしれないからだ。要するに「手紙」である以上は「返事」があるべきだ。そのため不破哲三委員長にインタビューを申し込むことも検討した。だが結論的にいえば、そういう形式は取らないことにした。この「手紙」に委細を尽くして答えてもらうには「時間」が必要だろうと思ったからだ。

この本ができたとき、私たちは不破哲三委員長あるいは責任ある立場の指導者に「返書」をいただくよう依頼する予定でいる。「手紙」への「返書」を、そう遠くない時期にいただけるよう心から期待している。私たちは、新しい時代の要求にふさわしい新鮮で活力ある共産党について力強く語り合う日が近いことを確信している。

＊＊＊

私が日本共産党をはじめて自覚的に「意識」したのは、１９６９年10月９日のことだ。当時、高校３年生だった私は、京都の円山音楽堂で行われた「日本共産党大演説会」にガールフレンドと一緒に出かけたことを思い出す。そこには宮本顕治書記長（当時）が出席し、年末に予定されていた第32回総選挙について訴えた。私にとってどこか校長先生のような第一印象を与えた宮本顕治さん本人を見たのは、そのときがはじめてだった。

今回、この「あとがき」を書くために１９５５年の『アカハタ』を読んでいて、一つの「発見」をした。55年８月３日の『アカハタ』に掲載された「日本共産党常任幹部会発表」の「新中央機構」を読んでいたときだ。当時の常任幹部会委員は７人、中央委員が15人、中央委員候補が５人。このときの常任幹部会委員で、いまでもこの部署にいるのは宮本顕治さんただ一人だ。「６全協」当時の宮本さんは、47歳。私がはじめて目にした宮本さんは61歳。そして今年の10月17日の誕生日で、宮本さんは82歳になる。「６全協」から計算しても35年の歳月が経過した。個人の人生のなかで、自覚した35年とは決して短い時間ではない。この歳月のなかでも、昨年の東欧の激動は、宮本さんにとっても感慨深いものがあったのではないだろうか。

私にとっても、宮本顕治さんという「非転向」の稀有な政治家に象徴される日本共産党を「意識」してから、すでに20年を超える時間が経過した。ソ連のペレストロイカや東欧の「民衆革命」、それにここ数年にわたって直接に取材してきたベトナムの「刷新」などを見ていると、そこから日本人はなにを学ぶべきかという思いが心の底から強くわきおこる。

個人の人生の時間の経過は、否応なく時代の行く末とともにある。そうである以上、私たちはこの日本という国がどこへ向かおうとしているのかに常に関心を払わざるを得ない。時代の激動から何を学ぶのか。それは共産党についていえば、宮本顕治さんに象徴的に代表される政治家たちにとっての「判断」でもある。いや、そうした政治家と人間としては対等・平等である私たち「名も無き」民衆一人ひとりが「判断」することでもある。

私は日本共産党がどのような政党に成長するかは、日本そのものの行方と深く関わっていると思っている。この『日本共産党への手紙』が一つのきっかけになり、自由で建設的な議論や対話が広がることを切に願ってやまない。

1990年6月4日　中国の天安門虐殺1周年に

…………………………………………

若さゆえに所々に気負いや未熟な文体もあるが、共産党への期待は当時の偽らざる思いであった。しかし私の希望は組織に届かず、除籍処分で共産党から排除された。2010年に民主党から参議院選挙全国比例区に出るとき、私は『闘争記』(教育史料出版会)を出したが。そこには横田早紀江さんの思想的体験などとともに、上田耕一郎さんとの出会いと別れについて書いた。個人史としての共産党体験である。『日本共産党への手紙』が完成し、批判されるまでの裏面史でもある。上田耕一郎さんとの交流を通した日本共産党への思いでもあった。

私が共産党を排除されてしばらく時間が経ったときのことだ。街頭演説をする前の上田耕一郎さんと神保町で偶然お会いした。上田さんはこう言った。「人にはそれぞれの生き方があるんだ。君はこれから独立したコミュニストとして生きていかなければならない」。上田さんらしい言葉だ。しかし、組織から独立したフリーランスとして取材し、原稿を書くことでしか暮らしていけない私にとって、共産党はすでに「昨日の世界」(シュテファン・ツヴァイク)であった。

「希望の共産党」の条件はあるのか。私の思いはこうだ。

どんな組織も歴史が重なれば構成員が高齢化していくのをとどめることはできない。より若い世代との新陳代謝を計るには何が必要だろうか。「世界を知る」ことのできる魅力ある組織になることだ。共産党には他党には真似のできない「武器」がある。「赤旗」(日刊、日曜版)だ。私は国会議員のとき、自宅で日刊紙、議員会館で日曜版を購読していた。知人のヴェテラン記者は「日曜版はよくできていて、1週間の整理に役たつ」といまも語っている。政治、経済から文化に至るまで、とくに若い世代の関心を惹く記事を掲載すると同時に、私が『日本共産党への手紙』で紹介し、本書に再録した「あとがき」のように、1950年代後半の宮本顕治さんが機関紙編集委員会責任者だった時代の試みを現代的に発展させることはできないか。私は立憲民主党時代、機関紙に党外の識者による建設的注文を連載し、朝日新聞などが取り上げてくれた。しかし、それは党全体の思想ではなかったので、組織全体に浸透することはできなかった。どんなに不十分であっても論争を避けないことだ。いまでは『前衛』（共産党の理論機関誌）で繰り広げられた田口富久治さんと不破哲三さんの民主集中制論争が懐かしい。私はこの原稿を書く前に、1960年代から70年代に共産党本部の中心的幹部だった古参党員にお話を聞いた。いまと当時の違いは何か。「論争があった」と明確だった。私も実感する。論争よ、起れ。

私は立憲民主党沖縄県連代表のとき、県連の仲間とともにさまざまな試みを行った。まずは対外的な組織の呼び方を「沖縄立憲民主党」とした。「沖縄」を前面に出したのは、地方組織は独自の歴史と機能を持っており、本部の下請け機関ではなく、あくまでも地域の主人公だからだ。枝野幸男代表も了解してくれた。「琉球・沖縄セミナー」を定期的に開催し、そのつど「沖縄タイムス」「琉球新報」に広告を出した。作家に依頼して人類の誕生から沖縄戦を経て現代までを描いた朗読劇「人間だから」を書いてもらい、何度も上演した。さらに大きな「立憲祭り」を準備していたところで、代表を降りた。ひとことでいえば、党の外へと向かっていく組織だ。地方組織の強化なくして政党全体の昂揚はありえない。共産党は戦後の歴史のなかで豊かな地方組織の経験を持っている。コロナ禍の制限もあるが、全ての世代に開かれた組織的展開の方法は、他の政党にはない蓄積があるはずだ。政治は文化もふくめた人間的な営為である。余談だが、私は「赤旗祭り」で与那国の「どなん」という日本でいちばんアルコール度の高い60度の泡盛を生まれてはじめて知った。いまでは入手困難なクバ巻きの「どなん」を、沖縄での仕事とともに懐かしく思い出す。暮らしの豊かさと文化のなかに政治も位置する。「文化的公共圏」を中核において拡大する歴史的視野をさらに深めて欲しい。

民主党時代に経験した派閥（グループ）の弊害は、『50分でわかる！　立憲民主』（弓立社新書）に書いたので、関心があれば参照していただきたい。共産党に派閥はない。分派が生まれれば排除してきたのは正しい。しかし組織といえども人間世界ゆえ、思想的傾向がある。多様性を活かす組織論の工夫があっていい。２０２２年秋に松竹伸幸さん（共産党本部の政策委員会で安保外交を担当していた）の「党首立候補宣言」を読んだ。宮本顕治さんが不破哲三さんや志位和夫さんを抜擢した慧眼は認めるが、もっと開かれた人事政策を取ることは課題のひとつだ。「党首公選制」を全否定するのではなく、党組織を活性化させる一提案として弁証法的に止揚してほしい。小池晃さんのパワハラが問題となり、規約上の警告処分があった。国会で舌鋒鋭く政府を追及する小池さんの姿は小気味いい。それでも人間は過ちを犯す。私は生前の吉岡吉典さん（「赤旗」編集局長、参議院議員）から、軍隊出身の党幹部たちによるパワハラ被害を具体的に聞いていた。共産党員であっても軍国主義の思想的残滓を克服できなかったのだ。戦後生まれの小池さんの精神の核には戦後民主主義がある。時代は異なるが、問題を個人的資質に解消しないためには、組織的な歯止めが必要だ。上田耕一郎さんは「思っていることを言わないのは卑怯だ」と私に何度も語っていた。「思っていることを言える」組織をあらゆるレベルで作っていく。これは共産党だけの課題ではない。

私はこの原稿の第一稿に「邂逅と別離　追想・上田耕一郎」（『闘争記』2010年、教育史料出版会）を収録した。だがあまりにも原稿量が多く、他の筆者とのバランスが悪い。バッサリ削除しようと校了前に判断した。私がいまも思うのは、上田耕一郎さん、吉岡吉典さん、川端治さんをはじめ、多くの魅力的な人間群像が日本共産党を育ててきた。「有名」も「無名」もない。それぞれが人生の一面である職業を取れば、「肩書きのない人生」（渡辺京二）だ。その根源において人間として豊かな存在であること。それは信頼関係の基本である。理論問題でいえば、党内の民主集中制と国家の関係、日本のナショナリズムと国際主義をいかに調和し、超越していくのか。かねてから存在する難問の理論的解決の努力を続けるなかで、組織論を豊かにしていく。共産党の外部にいて、内部にいたときには見えなかった問題がさらに見えてくる。人が自分の背中を見ることはできないように、政党も「後ろ姿」を知るには他者の意見を聞くのがいい。古在由重さんは「現在を過去として見る」とよく言っていた。現在も過去になる。だから未来から現在を見る。この閉塞した日本を変える意志を持つ私たちの「見果てぬ夢」はまだ終わっていない。

著者略歴

佐々木寛（ささき ひろし）

1966年生まれ。専門は、現代政治理論、平和研究。立教大学法学部助手、日本学術振興会特別研究員、カリフォルニア大学バークリー校客員研究員などを経て現職。日本平和学会理事。近著として、「〈文明〉転換への挑戦――エネルギー・デモクラシーの論理と実践」『世界』（2020年1月号岩波書店）、訳書として、P・ハースト『戦争と権力――国家、軍事紛争と国際システム』（岩波書店2009年）など。2015年より市民連合@新潟共同代表。

内田樹（うちだ たつる）

1950年生まれ。神戸女学院大学名誉教授、凱風館館長。専門はフランス哲学・文学、武道論。主著に『ためらいの倫理学』『レヴィナスと愛の現象学』『私家版・ユダヤ文化論』『日本辺境論』など。第六回小林秀雄賞、2011年度新書大賞、第三回伊丹十三賞を受賞。近著に『レヴィナスの時間論』。

中北 浩爾（なかきた こうじ）

1968年、三重県生まれ、大分県育ち。東京大学法学部卒業、同大学院法学政治学研究科中途退学。博士（法学）。専門は、日本政治外交史、現代日本政治論。近著に、『日本共産党』（中公新書、2022年）、『自公政権とは何か』（ちくま新書、2019年）、『自民党――「一強」の実像』（中公新書、2017年）、『自民党政治の変容』（NHKブックス、2014年）、『現代日本の政党デモクラシー』（岩波新書、2012年）など。

浜 矩子（はま のりこ）

1952年東京都生まれ。1975年一橋大学卒業、三菱総合研究所入社。1990年4月から98年9月まで同社初代ロンドン駐在員事務所長。帰国後、同社経済調査部長、政策経済研究センター主席研究員を経て2002年10月から同志社大学大学院ビジネス研究科教授。専門領域は国際経済学。映像・音声メディアの時事ニュース番組にマクロ経済問題に関するコメンテイターとして出演。内外の新聞・雑誌に定期コラム執筆。

中沢 けい（なかざわ けい）

1959年生横浜市生まれ。小説家。法政大学文学部日本文学科教授。一般社団法人K-BOOK

振興会代表理事。千葉県立安房高等学校卒業、明治大学政治経済学部卒。1978年小説「海を感じる時」で第21回群像新人賞受賞。1985年小説「水平線上にて」で第7回野間文芸新人賞を受賞。

池田 香代子（いけだ かよこ）

1948年生まれ。ドイツ文学翻訳家、口承文芸研究家。著書は『世界がもし100人の村だったら』シリーズ（マガジンハウス）、翻訳書はヴィクトール・E・フランクル『夜と霧 新版』（みすず書房）、エーリヒ・ケストナー『飛ぶ教室』（岩波少年文庫）、ヨースタイン・ゴルデル『ソフィーの世界 哲学者からの不思議な手紙』（日本放送出版協会）など多数。

古谷 経衡（ふるや つねひら）

1982年北海道生まれ。立命館大学文学部卒。一社）令和政治社会問題研究所所長、一社）日本ペンクラブ正会員。主著に『敗軍の名将――インパール・沖縄・特攻』（幻冬舎）、『毒親と絶縁する』（集英社）、『日本を蝕む極論の正体』（新潮社）、『愛国商売』『草食系のための対米自立論』（共に小学館）、『意識高い系の研究』（文藝春秋）、『日本型リア充の研究』（自由国民社）など多数。

津田 大介（つだ だいすけ）
1973年生まれ。東京都出身。早稲田大学社会科学部卒。ジャーナリスト／メディア・アクティビスト。ポリタス編集長／ポリタスTVキャスター。大阪経済大学情報社会学部客員教授。メディアとジャーナリズム、テクノロジーと社会、表現の自由とネット上の人権侵害、地域課題解決と行政の文化事業、著作権とコンテンツビジネスなどを専門分野として執筆・取材活動を行う。

木戸 衛一（きど えいいち）
1957年千葉県柏市生まれ。東京外国語大学卒業、一橋大学大学院社会学研究科博士後期課程単位取得退学、ベルリン自由大学博士。大阪大学大学院国際公共政策研究科教授。ライプツィヒ大学・ボーフム大学客員教授を歴任。日本平和学会理事。ドイツ現代政治・平和研究専攻。著書に『平和研究入門』（編著、大阪大学出版会、2014年）、『変容するドイツ政治社会と左翼党』（耕文社、2015年）、『若者が変えるドイツの政治』（あけび書房、2022年）など。

有田 芳生（ありた よしふ）
1952年京都生まれ。立命館大学経済学部卒。新日本出版社を経てフリーのジャーナリスト。日本テレビ系「ザ・ワイド」のコメンテーターを12年半。参議院議員2期。著書に『改訂新版　統一教会とは何か』（大月書店）、『北朝鮮　拉致問題　極秘文書から見える真実』（集英社新書）、『ヘイトスピーチとたたかう!』（岩波書店）、『歌屋　都はるみ』（講談社）、『私の家は山の向こう　テレサ・テン十年目の真実』（文藝春秋）、『「コメント力」を鍛える』（NHK新書）など。

希望の共産党　期待こめた提案

2023年1月19日　第1刷発行©
2023年2月11日　第2刷発行©
著　者— 有田芳生、池田香代子、内田樹、木戸衛一、
佐々木寛、津田大介、中北浩爾、中沢けい、
浜矩子、古谷経衡
発行者— 岡林信一
発行所— あけび書房株式会社
〒167-0054 東京都杉並区松庵3-39-13-103
☎ 03. 5888. 4142　FAX 03. 5888. 4448
info@akebishobo.com　https://akebishobo.com

印刷・製本／モリモト印刷
ISBN978-4-87154-226-5　c3031